T0145784

Tobias Grimbacher
Über dem Wasser

T V Z

Tobias Grimbacher

Über dem Wasser

Gottesfrage in zwei Akten

EDITION **N Z N**
BEI **T V Z**

Die Deutsche Bibliothek – Bibliografische Einheitsaufnahme
Die Deutsche Bibliothek verzeichnet diese Publikation in der
Deutschen Nationalbibliografie; detaillierte bibliografische Daten
sind im Internet über www.dnb.de abrufbar.

ISBN: 978-3-290-20100-5

Umschlag: Simone Ackermann, Zürich
Layout und Satz: Claudia Wild, Konstanz
Druck: ROSCH-BUCH GmbH, Scheßlitz

© 2014 Theologischer Verlag Zürich AG
www.edition-nzn.ch
Alle Rechte vorbehalten.

Inhaltsverzeichnis

Anhang

Exkurse

Vorwort

Liebe Leserin, lieber Leser

Keine Angst. Nicht frömmlerisches Gesäusel erwartet Sie, wenn Sie sich auf die vorliegenden Dialoge über die Gottesfrage einlassen. Keine Beschwichtigung wird Sie über die drängenden Nöte und Probleme von uns Menschen verharmlosend hinwegtrösten. Tobias Grimbacher führt Sie vielmehr hinein in die aktuellen Debatten über existenzielle Grundfragen, die die Menschen seit je umtreiben. Dem Ringen um Gott, um den Sinn des Ganzen, um Schöpfung und Leiden, um die Tragfähigkeit von Religion und Glauben, um die Glaubwürdigkeit von Bibel und Kirche haben sich Menschen über Jahrtausende hinweg immer wieder neu gestellt. Und diese Fragen gehen ans Eingemachte. Da helfen nicht vorschnelle Antworten, und alle vordergründigen Glücksverheissungen aus Werbung und Wirtschaft zerschellen daran. Als Menschen sind wir alle mit letzten Fragen konfrontiert, die ernsthaft erwogen zu werden verdienen.

Aber viele Menschen fühlen sich in ihrem Suchen und Fragen alleine gelassen. Die herkömmlichen Antworten der Religionen und Kirchen vermögen sie oft nicht mehr zu überzeugen oder nicht genügend zu nähren. Zugleich finden sie kaum Zugang zu den anspruchsvollen philosophischen und theologischen Fachbüchern. Genau deshalb bedient sich Grimbacher einer anderen literarischen Gattung und einer dramatisch-szenischen Umsetzung des menschlichen Ringens um die Gottesfrage. Sein Dialog-Stück in zwei Akten bietet Hilfen an zur persönlichen Auseinandersetzung und Vertiefung mit menschlichen Grundfragen. Der erfahrene Theatermacher weiss, dass Dialoge, Sprechchöre und szenische Bilder uns Menschen auf einer viel tieferen Ebene anzusprechen vermögen, als jede noch so gewiefte Predigt und jedes noch so gründliche Fachbuch es jemals vermöchten. Dabei schöpft er seine philosophischen und seine theologischen Argumente aus seriösen Quellen und tiefgründigen Debatten. Er will jedoch niemanden indoktrinieren, sondern bietet dem Leser und der Theaterbesucherin jene Erklärungsmodelle dar, die heute intensiv diskutiert werden. Ein eigenes Urteil im Konzert der vielfältigen und sich zum Teil widersprechenden Argumente muss jede und jeder sich selbst bilden.

Dem Stück sind viele Theaterschaffende zu wünschen, die sich an eine Inszenierung dieser «Gottesfrage in zwei Akten» wagen – und zunächst einmal unzählige Leserinnen und Leser.

Machen Sie sich, liebe Leserin, lieber Leser, auf eine aufwühlende Lektüre und hoffentlich schon bald auf einen existenziell herausfordernden Theaterbesuch gefasst!

Felix Senn

Einleitung

Als Menschen hören wir irgendwann von Gott (oder Göttern), und jede und jeder bildet sich eine Haltung dazu. Wer über Gott schreibt, ist also nie neutral; so verfasse ich diesen Text aus einem dezidiert gläubigen Interesse heraus – genauer: aus der Haltung eines kritischen Christen in der katholischen Kirche. Der Text ist Teil meiner Suche nach einem tragfähigen und lebbaren Gottesverständnis, einem Fundament, von dem aus ich glauben und Kirche und Welt mitgestalten kann.[1]

Es geht also um Gott – und wenn es um Gott geht, dann geht es auch um (fast) alles andere: vom Ursprung und Sinn unseres Daseins über das Entwicklungspotenzial von Menschen und Menschheit bis zum Grund unseres Glaubens und zum Wesen menschlichen Miteinanders. Mein Zweiakter antwortet auf diese wesentlichen Gottes- und Lebensfragen oder stellt sie vielmehr in dialogischer Form neu. Die Dialoge bieten dabei die Möglichkeit, gezielt Lücken zu lassen und Horizonte zu öffnen. Die Folgen der Gespräche sind oft dramatisch, denn meine Charaktere sind selbst Betroffene ihrer unterschiedlichen Welt- und Gottesbilder, die sich teils harmonisch ergänzen, oft aber auch konfliktreich aufeinanderprallen. So entwickeln sich der Disput über Gott und die mögliche Handlungskonsequenz über verschiedene Szenen hinweg in den konkreten menschlichen Beziehungen und Begegnungen.

Den Auftakt meines Stückes bildet ein Gedicht von Robert Gernhardt, das in seiner ganz eigenen Art auf wesentliche Thesen der folgenden Akte vorausweist. Dazu gehört zuerst, dass Gernhardt für das Gedicht «Psalm» den Vorsatz fasst, unvollständig zu bleiben – und dies auch umsetzt. Dies geht dem gesamten Dialog-Stück nicht anders, denn Gott ist wohl das Thema, zu dem in der Menschheitsgeschichte am meisten gedacht und geschrieben wurde. Der Versuch, die Geschichte der Gottesfrage vollständig zu umreißen oder diese gar zu beantworten, müsste deshalb scheitern. Dieses Lob der Unvollständigkeit, nicht alles über Gott wissen und erst recht nicht alles sagen zu müssen, möchte ich besonders hervorheben.

Zum Zweiten setzt sich Gernhardts Gedicht literarisch-spöttisch mit einer biblischen Passage – dem Tanz ums goldene Kalb[2] – auseinander, so wie sich auch mein Dialog-Stück, ernsthaft und teils augenzwinkernd, mit biblischen, liturgischen und weltlichen Tänzen auseinandersetzt.

Mehr noch, grosse Namen des Alten Testaments werden mit markigen Sprüchen versehen, wobei es für Gernhardt keine Rolle spielt, dass diese Personen zum Teil verschiedenen Epochen angehörten. Auch im folgenden Zweiakter werden grosse Namen quer durch die Geschichte gesammelt und nicht immer in ihrer vollständigen Komplexität zitiert oder verstanden.

Schliesslich verbindet uns das grundlegende Thema: Das goldene Kalb, das als Metall gewordene Gottheit verehrt wird, steht gleichzeitig für den Wunsch der Menschen nach anfassbaren, greifbaren Gottesbildern und für das Missverständnis, Gott immer im Sichtbaren, Dinglichen zu suchen. Dabei drückt der beschriebene Tanz ums Kalb in seiner ganzen Kuriosität aber auch eine archaische, ursprüngliche Lebensfreude aus, die im weiteren Verlauf des Stücks manchmal sehnlichst vermisst wird. Historisch ist bei dem Götzenbild wohl an die Darstellung eines auf einem Kalb reitenden Gottes zu denken – doch da dieser Gott unsichtbar ist, wird schliesslich statt seiner das Kalb angebetet, das für unseren Verstand leichter wahrnehmbar ist und sich leichter – anschaulich – vermitteln lässt.[3] Die Parallelen zu heutigen Gottes- und Götterbildern sind gegeben ...

Nun aber lade ich Sie ein, meinem Weg durch die Untiefen, Stürme und Klippen der Gottesfrage zu folgen. Lassen Sie dabei Ihr eigenes Gottes- und Menschenbild nicht aus dem Blick, halten Sie es fest, aber hinterfragen und ergänzen Sie es bei Bedarf. Wir sind gemeinsam unterwegs auf dem Ozean des Lebens und Glaubens: über dem Wasser.

Tobias Grimbacher

Über dem Wasser

Personen

Die Personen repräsentieren jeweils prototypisch eine breite Denkrichtung, ohne freilich in reine Klischees abzudriften.

B: Barkeeper sorgt berufsbedingt für das leibliche Wohl der Gäste,
nimmt aber auch inhaltlich und emotional an manchen Gesprä-
chen teil.

E: Episcopos (Bischof) ist ein typischer Institutionenvertreter der
römisch-katholischen Kirche. Theologisch bewandert, aber ohne
allzu viel Enthusiasmus vertritt er eine eher konservative Glau-
bensposition und verteidigt die kirchliche Deutungshoheit. Seine
eigenen, über die kirchliche Lehrmeinung hinausgehenden Ansich-
ten lässt er nur selten durchscheinen.

F: Freidenker ist ein moderater, aber konsequenter Gesprächspart-
ner mit breit gefächerter atheistischer Meinung.

M: Mensch (bzw. in direkter Anlehnung an Nietzsche vielleicht konkret «der tolle Mensch»[4]) steht mit seiner Suche nach Gott und
Lebenssinn im Zentrum des Stückes.

S: Sprecher liest oder spricht den Prolog und den Epilog. Als neut-
rale, ausserhalb der Handlung stehende Instanz gibt er damit dem
Stück einen umfassenden Rahmen. Wenn es bei einer Inszenierung
oder szenischen Lesung aufgrund der Zielsetzung und der Vor-
kenntnis des Publikums angebracht scheint, kann S auch einige
oder alle Exkurs-Texte vortragen.

T: Theologe vertritt eine moderne, lebensfreundliche und durchaus
kirchenkritische christliche Theologie.

W: Wirtschaftsanalyst stellt den wirtschaftlichen Machbarkeitswahn
infrage und vertritt eine negativ gefärbte, defaitistische Weltsicht.

Weitere Bischöfe und Atheisten[5] als Teil der drei Chöre.

Ort und Zeit

Das Stück spielt in einer Bar oder einer Kneipe in unserer Zeit. Der erste Akt spielt am frühen, der zweite am späteren Abend.

Prolog

S tritt auf und rezitiert.

Bei dem Tanz ums goldene Kalb
gab es unschöne Szenen.
Ich will hier nur dreieinhalb
der unschönsten erwähnen:

David beispielsweise trat
Aaron auf die Zehen,
was er mit dem Satz abtat,
es sei gern geschehen.

Oder Saul, der plötzlich schrie,
er sei Gottes Enkel,
denn er trage seine Knie
unterhalb der Schenkel.

Oder Habakuk, der Hirt,
der beim Tanz so patzte,
dass sein Leitbock sich verwirrt
an den Leisten kratzte.

Oder Mose, der das Kalb,
statt es zu erschiessen –
doch das sind schon dreieinhalb
Szenen. Ich muss schliessen.[6]

S tritt wieder ab.

Chor der Bischöfe

Der Chor der Bischöfe tritt auf. Er besteht aus mindestens vier bis sechs Männern in bischöflichem Ornat (darunter auch E, aber nicht T).

Die Texte des Chors sind staccato-artig zu sprechen, ohne Pausen zwischen den einzelnen Aussagen, aber auch ohne dass sich Sätze überlappen. Der Gesamtchor ist somit fliessend, ohne hektisch zu wirken. Die Bischöfe können sich beim Sprechen nach jeder Aussage oder auch innerhalb der Aussagenblöcke ablösen, sie können Aussagen/Teilaussagen allein, zu zweit oder zu dritt oder im Gesamtchor sprechen.

Wir sind ein sehr altes Modell für Veränderung. Von uns kann man lernen, wie man überlebt.[7]

Unser sittliches Leben wurzelt im Glauben an Gott, der uns seine Liebe offenbart. Wir haben Gott gegenüber die Pflicht, an ihn zu glauben und ihn zu bezeugen.[8]

Dieser alleinige wahre Gott hat in seiner Güte und allmächtigen Kraft aus völlig freiem Entschluss vom Anfang der Zeit an aus nichts zugleich beide Schöpfungen geschaffen, die geistige und die körperliche, nämlich die der Engel und die der Welt.[9]

Jedoch hat es seiner Weisheit und Güte gefallen, auf einem anderen, und zwar übernatürlichen Wege sich selbst und die ewigen Ratschlüsse seines Willens dem Menschengeschlecht zu offenbaren.[10]

Wenn die Kirche durch ihr oberstes Lehramt etwas als von Gott geoffenbart und als Lehre Christi zu glauben vorlegt, müssen die Gläubigen solchen Definitionen mit Glaubensgehorsam anhangen.[11]

Der imperiale Staub, der sich seit Konstantin auf dem Stuhl des heiligen Petrus abgelagert hat, muss weggewischt werden.[12]

Es wird noch mindestens fünfzig Jahre dauern, bis alle Fehler und Torheiten des Konzils repariert sein werden.[13]

Es ist nicht recht, das Brot den Kindern wegzunehmen und den Hunden vorzuwerfen.[14]

Die Welt wurde auf die Kirche hin erschaffen. Die Kirche ist das Ziel aller Dinge.[15]

Man kann auf verschiedene Weisen gegen den Glauben sündigen: Freiwilliger Glaubenszweifel besteht in der Vernachlässigung oder Weigerung, für wahr zu halten, was Gott geoffenbart hat und die Kirche zu glauben vorlegt. Unfreiwilliger Zweifel besteht im Zögern, zu glauben.[16]

Einer aus dem Chor beginnt   Ich bekenne Gott, dem Allmächtigen, und allen Brüdern und Schwestern,

Alle anderen fallen spätestens hier ein   dass ich Gutes unterlassen und Böses getan habe. Ich habe gesündigt in Gedanken, Worten und Werken durch meine Schuld, durch meine Schuld, durch meine grosse Schuld. Darum bitte ich die selige Jungfrau Maria, alle Engel und Heiligen und Euch, Brüder und Schwestern, für mich zu beten bei Gott, unserem Herrn.[17]

Die Bischöfe halten kurz inne und gehen dann eilig ab.

1. Akt

Eine Bar oder Kneipe. Zwei Tische mit Stühlen, ein Tresen mit Barho-
ckern. Der Raum ist leer bis auf B, der hinter dem Tresen steht. Wäh-
rend des ganzen ersten und zweiten Akts ist B hauptsächlich hinter
dem Tresen. Von dort aus beobachtet er das Geschehen und kümmert
sich um seine Aufgaben als Barkeeper. Von Zeit zu Zeit geht er zu
Gästen an die Tische, nimmt Bestellungen auf oder serviert Getränke,
bringt kleine Schälchen mit Erdnüssen oder kontrolliert den Füllstand
von Salz- und Zuckerstreuern. Auf diese Weise kann er sich immer
wieder in Gespräche an den Tischen einklinken, ohne das gesamte
Gespräch mitzuverfolgen. Längere Gespräche führt er sonst am Tre-
sen, wobei B auch dann oft nur höflich zuhört.

Szene 1   Wahrscheinlich kein Gott

F tritt auf und geht auf B zu.

F   Entschuldigung, eine Frage: Dürfte ich wohl dieses Plakat bei
       Euch aufhängen?

B   Um was geht es denn?

F   Eine Aufklärungskampagne der Freidenker: «Es gibt wahrschein-
       lich keinen Gott ... sorge dich nicht, und geniess das Leben!»[18]

B   Na, wenn Sie keine anderen Sorgen haben. Sie können's da drü-
       ben dazuhängen, neben Verkehrsinitiative und Welthungerhilfe.

F   Zapfst Du mir in der Zwischenzeit ein Bier, bitte?

B   Gern.

F hängt das Plakat auf und kommt dann zum Tresen zurück.

B   Verzeihen Sie mir eine dumme Frage: «Geniess das Leben» ver-
       stehe ich, aber: Was ist eigentlich «Gott», den es wahrscheinlich
       nicht gibt?

F   Wenn Sie das mit dem Geniessen verstehen, dann ist doch schon
       alles in Ordnung. Wieso wollen Sie sich für etwas interessieren,
       das es nicht gibt? Was Gott ist, hängt ganz vom Betrachter ab.
       Sehr oft ist Gott eine Verschleierungstaktik für Menschen, die
       nicht nachdenken wollen oder die nicht glauben, dass alles natur-

wissenschaftlich erklärbar ist. Gott sendet den Regen nach langer Dürre. Er straft mit dem Erdbeben. Er schleudert den Blitz. Oder er ist eine Verschleierungstaktik, weil jemand das eigentliche Wort nicht nennen will. Dann meint «Gott» das Leben selbst. Oder den Sinn. Oder einen Zufall.

B   Aber Leben und Sinn gibt es doch?

F   Ja, nur: Wer «Gott» sagt, dem reicht das anscheinend nicht! Wenn Sie das Wort Gott hören, können Sie an dessen Stelle eigentlich immer ein anderes Wort setzen, das die betreffende Sache besser erklärt und begründet.[19] Versuchen Sie das mal! Manche brauchen auch Gott, weil sie nicht wissen, woher wir kommen oder wohin wir gehen. Das wissen wir aber inzwischen von der Naturwissenschaft: Urknall und entropische Endharmonie.

B   Entro ... was für Harmonie?

F   Nach den Gesetzen der Physik nimmt die Entropie, also die thermische Unordnung in einem abgeschlossenen System, zum Beispiel in unserem Universum, immer zu. Wenn Sie an einer Stelle Ordnung schaffen, müssen Sie Arbeit aufwenden, und das erzeugt irgendwo anders ungeordnete Wärmebewegung, also gleich viel oder noch mehr Unordnung. Irgendwann wird das ganze Universum lediglich aus gleichmässiger Wärmebewegung bestehen, ungeordnet, aber widerspruchsfrei; harmonisch.[20]

B   Kein Platz für Gott?

F   Kein Platz für Gott! *Er sieht E am Eingang des Lokals.* Aber, wie sagt der Volksmund: Wenn man vom Teufel spricht ... Fragen Sie doch den örtlichen Vertreter Gottes. Der erzählt sicher so von Gott, als hätte er mit ihm im Sandkasten gespielt.

Szene 2   Von Kohelet zum Multiversum

E kommt in das Lokal. Er ist jetzt nicht mehr im Ornat, wie noch im Chor, trägt aber Soutane oder zumindest römischen Kragen.

E   Ein Bier bitte.

B   Entschuldigen Sie, aber sind Sie von der Kirche?

E   Ja, ich bin Bischof.

B   Der Herr hier hat eben ein Plakat aufgehängt, und jetzt fragen wir uns, was eigentlich «Gott» ist.

E   Gott ist anders.[21] Was immer Sie sich unter Gott vorstellen, seien Sie sich bewusst, dass Gott auch noch ganz anders ist. Es ist eine komplizierte Frage, die Sie sich da stellen.

F   Es ist eine einfache Frage. Und die Antwort ist auch einfach: Gott kommt aus der Angst. Angst vor dem Tod. Angst vor der Natur um uns. Angst vor den Menschen, vor allem natürlich vor den bösen Menschen, von denen wir täglich hören. Gott ist etwas, das es nicht gibt. Aber es eignet sich prima, um den Menschen noch mehr Angst zu machen, um sie besser unterdrücken zu können, um ihnen eine Wahrheit und fixe Moral aufzuzwingen, um Kirchensteuer abzupressen und um die Herrschaft der mächtigen Klasse zu zementieren.

E   Das hat für viele historische Götterkulte gegolten, und ich gebe zu, dass auch die christlichen Kirchen immer wieder in diese Macht-Falle getappt sind. Eine Falle übrigens, die jede Religion und jede Ideologie kennt. Aber heute geht es den Kirchen um das Wohl der Menschen: Die Trauer und die Ängste der Menschen, das sind auch Trauer und Angst der Jünger Christi,[22] so haben es die Bischöfe aus aller Welt auf dem Zweiten Vatikanischen Konzil formuliert, und so gilt es bis heute.

F   Die Kirchen torpedieren doch überall das Schöne im Leben. Ihr drückt mit Eurem Gott die Menschen doch lediglich noch tiefer in ihr Leid und lasst sie da hängen: Tragt euer Kreuz, wie Christus. Oder etwa nicht? Es gibt wahrscheinlich keinen Gott ... sorge dich nicht, und geniess das Leben!

E   Iss und trink, und freu dich an der Liebe.

F   Genau.

E   Jeden Tag deines Lebens.

F   Wenn möglich! Für mich wäre das das Ziel.

E   *nimmt eine Bibel aus seiner Tasche und blättert darin*   Dann iss und trink, und freu dich an der Liebe jeden Tag deines Lebens voll Windhauch, den der Herr, dein Gott, dir gegeben hat. Kohelet.[23]

F   Wie bitte?

E   Kohelet.

F   Doch nicht etwa ein Kirchenlehrer?

E   Ein jüdischer Weisheitslehrer. Aber es ist auch unsere Weisheit!

B   Na, dann seid Ihr Euch ja einig: Ob es ihn gibt oder nicht, iss, trink, freu dich.

F   Mach Dir keine Sorgen. Macht die Kirchen dicht – die Frage nach Gott ist hinfällig. Es bleibt das «freu dich jeden Tag deines Lebens».

E   Nicht ganz.

F   Wusst' ich es doch. Ihr seid ewig uneinsichtig – sogar wenn's in der Bibel steht!

B   Freu dich an der Liebe?

E   Auch, aber wichtiger: Voll Windhauch. Unser Leben ist von Vergänglichkeit durchzogen, es ist nur hingehaucht; es ist oft zu schnell ausgehaucht. Das ist der Grund, warum wir uns Sorgen machen müssen; das ist der Grund für unser Hinterfragen; das ist der Grund, warum wir nicht jeden Tag essen, trinken, noch nicht einmal jeden Tag uns an der Liebe – in Liebe – freuen können. Und es ist auch der Grund dafür, dass dieser Satz nicht allein steht in der Bibel.

F   Sondern der andere: Wer mein Jünger sein will, der verleugne sich selbst und nehme täglich sein Kreuz auf sich.[24]

E   Setzen wir uns?

Sie gehen zu Tisch 1 und setzen sich dort.

F   Von wegen Windhauch …

E   Jedenfalls geht es auch bei Jesu Botschaft um Essen, Trinken, Freuen, in voller Übereinstimmung zu Kohelet: «Ich muss heute in Deinem Haus zu Gast sein»[25], lädt er sich selbst ein. «Gib mir zu trinken»[26], bittet er. «Gebt den Menschen zu essen»[27], sagt er den Jüngern, «freu Dich, denn Dein Bruder lebt»[28] zum verlorenen Sohn.

B *bringt E seine Bibel nach, schlägt zufällig auf und liest*   Und: «Wenn ich die Dämonen durch den Finger Gottes austreibe, dann ist doch das Reich Gottes schon zu euch gekommen.»[29]

E *nimmt seine Bibel wieder zurück* Danke.

F   Ja, Danke! Dämonen! … ewiggestrig. Dämonen gibt es bestimmt nicht.

B   Wieso gibt es überhaupt etwas und nicht nichts?[30]

F   Falsche Frage. Denn auch Nichts ist ja ein sehr bestimmtes Etwas. Es lässt sich darüber lediglich keine Aussage treffen. Schon gar keine Existenzaussage.

E   Und was ist mit dem Existenzgrund der Welt, und nicht nur der physikalischen Welt – also dem Grund des Ganzen?

F Benötigt das existierende Ganze denn einen Grund? Und dann dürfte dieser Grund ja wiederum nicht zum Existierenden gehören. Anders gesagt: Das Ganze hat keinen Grund. Die Welt kommt ohne Gott aus. Allenfalls unser Universum, das Weltall in dem wir leben, könnte einen Grund haben, der sich dann im grösseren Ganzen erschliesst – und das grössere Ganze jenseits des Universums ist uns nur sehr begrenzt zugänglich.

▬ Exkurs: Multiversum

Da an den Grenzen unseres Weltalls (Universums) auch Raum und Zeit enden, ist es nicht sinnvoll, von «ausserhalb» des Universums zu reden. Mit den Mitteln der Physik ist es auch (noch) nicht möglich, etwas von «jenseits des Universums» zu messen. Physikalische Theorien rechnen aber damit, dass es neben unserem Universum weitere Universen geben könnte, die möglicherweise nebeneinander existieren, als Paralleluniversen mit unserem verschachtelt sind oder sich sogar in einer Evolution der Universen gegenseitig hervorbringen könnten. Solche anderen Universen sind zumindest denkbar und physikalisch beschreibbar. Die Gesamtheit der Universen nennt man Multiversum.

Einige Multiversum-Theorien lösen auch ein weiteres Problem der Physik: In den Naturgesetzen, mit denen sich unser Weltall physikalisch beschreiben lässt, gibt es Konstanten, die sich nicht berechnen lassen, sondern als Gegeben hinzunehmen sind (z. B. Gravitationskonstante, Lichtgeschwindigkeit oder Planck'sches Wirkungsquantum). Der genaue Wert dieser Konstanten ist dabei entscheidend dafür, dass unser Universum so ist, wie es ist: dass sich das Weltall ausgedehnt hat, dass sich Atome bildeten, letztlich dass Leben möglich wurde. Man kann hier einen Schöpfergott am Werk sehen, der die Naturkonstanten exakt so justiert hat, dass wir da sind und ihn erkennen können. Vielleicht gibt es aber auch ein Multiversum mit unendlich vielen Universen, in denen alle Werte der Naturkonstanten durchgespielt werden.[31] Vielen Physikern wäre diese Lösung lieber, als an eine zufallsbedingte Setzung der Konstanten zu glauben.

———

B Ich habe einmal gehört, unser Universum sei ein flacher Teller, der auf dem Rücken einer riesigen Schildkröte liegt.[32]

E Wie bitte?

B   Ja. Und die steht auf dem Rücken einer anderen Schildkröte.

E   Und diese?

B   Steht wiederum auf dem Rücken ...

F   ... einer Schildkröte. Genau das ist der Punkt. Es gibt keine unterste Schildkröte, keinen Grund des grössten Ganzen, keinen Unbewegten Beweger[33], keinen Beweis für Gott.

E   Ja, weil Sie voraussetzen, was Sie begründen wollen. Ich kann nicht eine Schildkröte mit einer Schildkröte begründen. Aber Gott ist unbedingt und voraussetzungslos. Er ist nicht notwendig. Er ist mehr als notwendig.[34]

F   Nach den Massstäben der Logik ist er überflüssig.

E   Aber dennoch möglich. Immerhin kennt die Logik Sätze, die nicht beweisbar und doch wahr sind.

B   Quasi ein Gödel'scher Gott, der für die Logik des Universums den Unvollständigkeitssatz erfüllt?

E   Für die Logik des Universums und für jede Logik.

▄▄ Exkurs: Gödel'scher Unvollständigkeitssatz

In jedem hinreichend komplexen widerspruchsfreien System gibt es Aussagen, die innerhalb des Systems nicht beweisbar oder widerlegbar sind. Der österreichische Mathematiker Kurt Gödel (1906–1978) konnte diesen Unvollständigkeitssatz 1931 beweisen und machte damit die Hoffnung und das Bestreben zunichte, die Widerspruchsfreiheit der Mathematik beweisen zu können (Hilbertprogramm).[35]

Da es sich um eine Aussage der Logik handelt, gilt dieser Satz natürlich nicht nur in unserem Universum, sondern auch in jedem anderen (denkbaren) Universum. Allerdings: Gott ist ganz anders. Deshalb glaube ich, dass Gott sich nicht um die Gesetze unserer Logik kümmert, ja, seine ganz eigene Logik hat. Zwei sich widersprechende Aussagen, von denen nach unserer Logik nur eine wahr sein kann, sind im Lichte des Göttlichen manchmal beide richtig und erst zusammen sinnvoll.

─────

F   Und was hat Gott mit jeder Logik zu tun? Gott ist lediglich ein Wort. Er ist noch nicht einmal denkbar!

E   Das ist er tatsächlich nicht: Denn Gott zu denken hiesse, Gott zu definieren, und das wieder hiesse, die Menge seiner Eigenschaften zu begrenzen.[36] Wie ich eingangs gesagt habe: Gott ist anders. Es gibt ihn trotzdem – auch wenn er mehr ist, als wir denken können. Er spricht zu unserem Herzen.[37]

F   Ja. Er ist hörbar im Rascheln des Laubes wie die Wühlmaus und sichtbar nach dem Sonnenuntergang als erster Stern. Ich muss passen. So wie die Logik heute nunmal steht, stehe ich auf festem Grund: Ich brauchen keinen Gott für meine Argumentation und für meine Vernunft. Ich brauche überhaupt keinen Gott. Und wenn ich einen bräuchte, weiss ich, dass es ihn nicht gibt.

E   Aber …

F   Aber lassen Sie mich ausreden: Ich lasse Ihnen auch Ihren Gott, wenn Sie ihn brauchen. *Er schaut auf sein Handy.* Ich muss mich entschuldigen. Vielleicht setzen wir das Gespräch ja später fort.

F legt eine Geldnote unter sein Glas und geht eilig hinaus.

B   Darf ich nachfragen, was dieser Kohelet für einer war?

E   Ein weiser Mann im dritten vorchristlichen Jahrhundert, der seine Sprüche und Erkenntnisse über Gott, die Weisheit und das Leben zusammengestellt hat.[38]

B   Was hatte er für Sorgen?

E   Wir kennen natürlich nur seine Texte. Und da geht es um den Windhauch, um Vergänglichkeit, und eben um die Kunst, sich am Leben zu erfreuen. Er war wohl eine Art religiöser Philosoph.

B   Gebildet?

E   Sicher.

B   Und wohlhabend?

E   Man kann es vermuten.

B   Also hatte er keine existenziellen Sorgen. Kein Hunger, kein Krieg, keine Flucht.

E   Nein, wieso?

B   Seine Weisheit ist also eine für gebildete, wohlhabende Menschen, die den Armen und Unterdrückten eher wenig hilft. Vielleicht ist sie deshalb so kompatibel mit unserem Genuss-Atheisten.

E   So gesehen haben Sie recht.

Szene 3   Gottesbeweise

M kommt herein. Er ist nervös. Als er E sieht, geht er auf ihn zu.

M   Entschuldigen Sie, sind Sie Geistlicher?

E   Ich bin Bischof, ja. Wieso?

M   Das ist gut. Darf ich mich zu Ihnen setzen? *Setzt sich, ohne eine Antwort abzuwarten.* Ich habe ein dringendes Problem: Können Sie mir Gott beweisen?

E   Das ist allerdings ein Problem. Wie kommen Sie denn zu der Frage? Glauben Sie an Gott und wollen es jetzt genau wissen? Hat er Ihnen etwas getan? Hat jemand versucht, Sie für Gott zu überzeugen?

M   Nein, ich brauche einfach einen Grund. Etwas, woran ich mich festhalten kann, einen neuen Ansatzpunkt zum Handeln.

B   Nehmen Sie auch ein Bier?

M   Ja, gern. *Zu E* Können Sie mir Gott beweisen?

E   Ich kann es gerne versuchen. Aber bevor wir mit Beweisen anfangen, müssen wir uns die Fallstricke klar machen, die auf den Beweis immer lauern.

▬ Exkurs: Die Tropen des Agrippa und das Münchhausen-Trilemma

Der antike Philosoph Agrippa, genannt «der Skeptiker», lebte wahrscheinlich um die Zeitenwende. In seinen fünf Tropen der Skepsis zeigt er auf, woran eine philosophische, logisch-mathematische oder auch naturwissenschaftliche Beweisführung scheitern bzw. wie eine Behauptung angezweifelt werden kann.[39]

1. Tropos: *Dissens*: Philosophen liegen stets im Streit über alle möglichen Behauptungen, es gibt keine Übereinstimmung und keine verlässliche Lehrautorität.

2. Tropos: *Regress ad infinitum*: Jeder Satz bedarf einer Begründung, für die eine Begründung nötig ist, die aber angezweifelt werden kann, so dass sie einer Begründung bedarf, die aber ohne eine Begründung nicht auskommt, und so fort.

3. Tropos: *Relativität*: Unsicherheit aufgrund der Möglichkeit, dass sich der Kontext eines Objekts oder der Standpunkt des Betrachters ändert.

4. Tropos: *Dogmatische Setzung*: Der Regress ad infinitum aus Tropos 2 wird irgendwo abgebrochen, indem man einfach von der letzten Begründung behauptet, sie müsse unbezweifelbar wahr sein, auch wenn sie dies nicht ist.

5. Tropos: *Zirkelschluss*: Der Regress ad infinitum aus Tropos 2 wird gebogen, indem irgendwo eine Begründung gegeben wird, die aber der Ausgangssatz ist, der zuerst begründet werden sollte.

Die Tropen 2, 5 und 4 sind im Kritischen Rationalismus auch als Münchhausen-Trilemma bekannt, benannt nach dem deutschen Baron Münchhausen, einer legendären Figur aus dem 18. Jahrhundert.[40]

M   Sie meinen, Gott stellt uns Fallen?

E   Nein, der Mensch stellt sich Fallen – und unsere Logik stellt sie. Ein Beispiel ist der Zirkelschluss: Sie haben schon eine Idee von Gott, den Sie beweisen wollen, und dann beweisen und begründen wir und investieren irgendwo auch eine Annahme über das Wesen Gottes, die wir doch eigentlich erst beweisen wollen!

M   Wir ziehen uns also an den eigenen Haaren aus einem Sumpf der Nichtbegründbarkeit in den bewiesenen Zustand?[41] Hört sich ziemlich verwegen an.

E   Kennen Sie Baron Münchhausen? Der hat das so gemacht. Deshalb nennt man das Ganze auch das Münchhausen-Trilemma.

M   Drei Fallstricke, die dem Münchhausen gefallen hätten.

E   Genau. Der Zweite wäre eine dogmatische Setzung. An irgendeinem Punkt der Begründung sagen Sie: Wir müssen das so annehmen, weil da einfach Gott ist.

M   Damit ist aber nichts bewiesen.

E   Nein. Aber Achtung, das machen nicht nur die Theologen so. Auch die Naturwissenschaften kennen ihre dogmatische Setzung. Sie nennen sie nur Axiome.[42]

M   Sie meinen mathematische Axiome wie «$a + b = b + a$»[43]? Und so eines soll es auch sein, wenn Sie sagen: «Es gibt genau einen Gott»?

E   Ja, und ein zweites Axiom wäre zum Beispiel, dass Gott eine Person, ein «Du» ist. Auch diese Aussage über einen personalen Gott ist ja eine, die unserer Erfahrung mit Gott in der Wirklichkeit gut entspricht – ich kann zum Beispiel mit Gott im Gebet reden und eine Beziehung zu im pflegen, und er trägt mich und nimmt mich sozusagen in den Arm, wenn die Not besonders gross wird. Wenn Sie sich länger mit der Materie befassen, werden Sie merken, dass diese Aussage Sinn macht. Sie lässt sich aber nicht aus der Ersten beweisen.[44]

M Leuchtet ein. Weiter!

E Nicht zu schnell. Wie in der Mathematik definieren Sie sich mit den Axiomen ein System, in dem man viele schöne Schlüsse ziehen kann und das vielleicht geeignet ist, einen Teil der Wirklichkeit gut zu beschreiben. Aber auch wenn ein Axiomensystem gut funktioniert und kolossale neue Zusammenhänge über die Wirklichkeit zeigt, bleibt es doch nur ein System, mit dem ich die Wirklichkeit beschreiben kann.[45] Es wird nie zur Wirklichkeit selbst – ja, wir wissen noch nicht mal, ob die Wirklichkeit tatsächlich so ist, wie unser System nahelegt.

M Sie braucht sich ja nicht daran halten.

E Genau. Ihre Zahlen a und b sind ja auch nur abstrakte Grössen.

M Dann funktionieren die Mathematik und die Theologie also nach dem gleichen Prinzip?

E Ja und nein. Beide halten sich an die gleiche Logik. Aber während die Mathematiker über die Jahrhunderte hinweg ein halbwegs einheitliches, in sich schlüssiges Denk-Gebäude aufgebaut haben, gibt es in der Philosophie viele sehr widersprüchliche Ansätze. Philosophen liegen überhaupt stets im Streit über alle möglichen Behauptungen.[46] Viele philosophische Systeme gründen denn auch auf einem Fundament, das wir heute nicht mehr so selbstverständlich einsehen. Wer zum Beispiel in einer hierarchischen Welt lebt, wird Gott als Spitze der Hierarchie darstellen wollen, wie Augustinus oder Anselm von Canterbury. Gott ist dann die Idee, über die hinaus nichts gedacht werden kann. Das grösste Mögliche, sozusagen.[47]

M Aber ich kann mir ja immer etwas noch Grösseres denken, das nicht existiert.

E Schon. Trotzdem gibt es ein grösstes Mögliches, das existiert und über das hinaus nichts gedacht werden kann.

M Und das nennen Sie Gott. Warum sollte man es nicht «Universum» nennen?

E Vermutlich fehlt uns an genau der Stelle das philosophische Fundament von damals. Ausserdem braucht es ja auch über das Universum hinaus etwas, das die Möglichkeit des Universums bedingt, also grösser ist. Und das wiederum können wir denken.

M Soweit ich weiss, haben die Naturwissenschaftler inzwischen Naturgesetze erkannt, die die Entstehung eines Universums ohne vorherige Bedingung erlauben. Dann wären diese Naturgesetze «das grösser Existierende».

E   Vermutlich hätte Augustinus auch das widerlegt, wenn er das Argument gekannt hätte. Auch die Naturgesetze müssen schliesslich irgendwo herkommen. Auch die Logik. Aber der Punkt gegen Augustinus ist ein anderer: Die Hierarchie-Idee postuliert ein höchstes Wesen – das im Christentum aber aus drei Personen besteht. Und selbst wenn der Sohn vom Vater gezeugt ist und der Geist vom Vater ausgeht, ist der Vater den beiden doch nicht übergeordnet. Das höchste Prinzip ist dann gar kein hierarchisches Wesen, sondern eine Dreieinigkeit aus und in Beziehung, eine Gemeinschaft Gleicher. Womöglich müsste man, um den christlichen Gott zu beweisen, also mit An-archie argumentieren statt mit Hier-archie, wenn ein Beweis glücken soll.[48]

M   Was ist mit einem indirekten Beweis – dass wir Gott erkennen können in dem, was da ist, allein dadurch, dass es da ist?

E   Erläutern Sie mal.

M   Na ja, zum Beispiel ist ja alles, was da ist, geworden und verändert sich in jedem Moment neu. Das sagt zumindest meine Erfahrung und mein vernunftbasiertes Wissen. Das Bier in meinen Glas ist gebraut worden. In jedem Moment, in dem ich es nicht trinke, verdunstet zum Beispiel ein kleiner Teil davon, es interagiert also mit der Umwelt. Wenn ich es trinke, geht dieses Werden und Verändern weiter: In meinem Bauch wird das Bier zerlegt, und der Bestandteil Alkohol steigt mir in den Kopf und vernebelt mir die Sinne. Das ist alles eine Kette des Werdens. Auch in die andere Richtung: Das Malz ist aus Gerste geworden, das Gerstenkorn ist an der Ähre gewachsen und so weiter. Und am Anfang dieses ganzen Werdens, da muss doch etwas stehen, was nicht geworden ist, aber alles Werden bedingt.

F *tritt wieder auf und setzt sich an den Tresen, ohne M und E zu beachten.*

E   Es wird wieder sehr philosophisch, wenn man Ihnen zuhört. Dieser Gott, der am Anfang steht, nun, der ist erfahrbar, das ist richtig. Den können wir sogar erfahren, wenn wir merken: Das schöne, frische gezapfte Bier schmeckt gut und erfrischt uns. Ich trete zu ihm in Beziehung und sage: «Danke, Gott, für das Erlebnis dieses tollen Bieres!»

B   Und was sagt er?

E   Nun, er ist ja unabhängig vom kleinen Menschen und bleibt das auch. Ausserdem hat Ihre Werden-These einen ganz anderen Haken: Sind denn alle Veränderungen, die wir erfahren, gottgewollt?[49]

M   Die Veränderungen zum Schlechten ja hoffentlich nicht – Kriege, Terror, Mord!

E   Hoffentlich nicht! Gott will Frieden. Gott will Leben. Aber wir brauchen gar nicht so weit zu gehen. Oft entsteht ja auch etwas positives Neues, wenn Menschen am Werk sind. Bleiben Sie beim Bier?

Er winkt B, der hinter dem Tresen steht. Dieser fragt gestisch nach, ob es eine Bestellung sei und «noch zwei Bier» meine, was E mit einem Nicken bestätigt.

M   O.K., bleiben wir beim Bier. Die Ähre, aus der die Gerste für das Malz für das Bier stammt, die ist von Menschen gezüchtet worden aus einer einfachen Grasart. Ich weiss ja nicht, ob das von Gott initiiert war.

E   Aber wir können uns trotzdem vorstellen, dass der Bauer gesagt hat «Danke, Gott», als die Körner immer grösser wurden.

M   Dabei war Gott gar nicht beteiligt, meinen Sie?

E   Zumindest nicht allein. Auch der Bauer hat von sich aus grossen Anteil an dem Bier. Er hat sich aus freien Stücken dafür entschieden, den Weg zum grössten Korn zu wählen, den Weg zum maximalen Genuss. Das war selbst ohne Gott sein Ziel.[50] Gott ist in der Geschichte nur bedingt erfahrbar.

Szene 4   Symbolisch von Gott sprechen

Das folgende Gespräch am Tresen entwickelt sich parallel zum Schluss der vorherigen Szene oder in einer Denkpause am Tisch, während der E und M das andere Gespräch nicht wahrnehmen.

B *zu F*   Auf einmal so schweigsam?

F   Die reden immer noch über Gott. Da will ich mich lieber nicht einmischen.

B   Wieso, ist doch spannend?

F   Aber auf diesem Niveau? «Danke, Gott, für dieses tolle Bier», hab ich vorher sagen hören! Der alte Mann mit dem langen weissen Bart sitzt sicher irgendwo da oben und wird sehr begeistert sein.

T kommt ins Lokal. Er setzt sich zu F an den Tresen.

T Ein Bier, bitte.

B Kommt sofort. Also, dass die Geschichte mit dem alten Mann mit Rauschebart etwas weither geholt ist, das brauchen Sie mir nicht weiter erklären.

F Es gibt ihn auch sonst nicht.

T Geht's um Gott?

F *und* B   Ja.

T Ihnen ist hoffentlich bewusst, dass jede Gottesvorstellung nur als Symbol brauchbar ist?[51] Jedes Gottesbild verwendet eine Analogie aus unserer Erfahrungswelt, also etwas, das wir selbst gut kennen und einordnen können wie den sehr alten Mann mit dem sehr weissen Bart. Wenn Sie eine Analogie konkret nehmen, dann ist sie von vornherein falsch. Aber als Symbol weist die Analogie doch auf eine Dimension hin, die sie übersteigt und die sie aufreisst.

F Die dritte Dimension des weisen alten Mannes! Ein Hollywood-Thriller.

T Na ja, der weise alte Mann war vielleicht «schon immer» da, er ist milde, auch ein bisschen eigenwillig. Natürlich ist das eine sehr einfache Analogie aus dem Kinderglauben. Aber es ist ein mythologisches Gottesbild, genauso wie der Blitze schleudernde Zeus in der griechischen Mythologie.

F Was sagen Sie zu: Gott ist Geist, Gott ist Sinn?

T Ja, ersetzen Sie die konkrete Vorstellung ruhig durch einen philosophischen Begriff. Es ist dann zwar vielleicht schwerer zu durchschauen, aber auch «unendlicher Geist» ist nur eine Analogie und für sich genommen falsch. Wenn Sie mit Begriffen hantieren wollen, dann höchstens paradox: die allmächtige Ohnmacht, der Fern-Nahe – dann merken Sie: Wörtlich genommen, ist es ein logischer Widerspruch. Es wird absurd wie der Rauschebart.

F Nur dass wir es beim Rauschebart jedem erklären können!

T Genau. Wir müssen uns immer mit Unvollkommenem begnügen, wenn wir von Gott reden. Wir sollen uns kein Bild machen,[52] sagt die Bibel, weil wir kein Bild von Gott verabsolutieren dürfen. Jedes hat seine Achillesferse. Das gilt erst recht, wenn wir von Gott als Person reden: Dann wird Gott unwillkürlich in Analogie zum Menschen gedacht.

F   Als alter Mann.

T   Zum Beispiel. Gott ist aber schon mal definitiv nicht Mann oder Frau. Er ist auch nicht alt. Als Menschen sind wir begrenzt – durch unser Älterwerden, durch unseren Körper und durch vieles mehr –, das macht unser Menschsein aus! Gott aber hat zumindest den Aspekt des Unendlichen, Unbegrenzten. Und die einzige Art, wie wir Beziehung erfahren können, ist von Person zu Person. Wenn Gott also zu uns in Beziehung treten will, dann muss er das als Person tun; er lässt sich auf unsere Grenzen ein, auch wenn es für ihn noch ganz andere Möglichkeiten von Beziehungen gibt. Aber das Personale, das Person-Sein, ist nicht Gottes Wesen, und Gottes Wesen ist uns nicht zugänglich.[53]

Am Tresen entsteht eine nachdenkliche Pause. An Tisch 1 setzen E und M ihre Unterhaltung fort.

E   Gott ist in der Geschichte nur bedingt erfahrbar – und sicher nicht eindeutig nachweisbar.

M   Gott ist also nicht – als objektiv nachweisbare Grösse?

E   Nein.

M   So wie unser neues Bier. Das ist als objektiv wahrnehmbare Grösse wohl auch vergessen gegangen. Ich frag mal nach.

M geht an den Tresen.

B *zu T*   Woher wissen Sie eigentlich so viel über Gott?

T   Wissen Sie, diese Erkenntnisse über Gott sind ja symbolische Rede in Analogien und damit übersteigen sie unsere Möglichkeiten im Transzendenten bei Weitem. Ich würde sie eher ein «wissendes Nichtwissen»[54] nennen. Es ist ja auch kein eigentliches Wissen, wie ein wissenschaftliches Wissen zum Beispiel in der Physik.

F   Dann: Woher haben Sie dieses ausgeprägte Nichtwissen?

T   Ich bin Theologe.

Szene 5   Religion und Glaubensfragen

M ist inzwischen an den Tresen gekommen, um nach den Bieren zu fragen. Das Gespräch entwickelt sich als Schlagabtausch zwischen den Fragen und Antworten.

M   Sie sind Theologe?

T   Ja.

M   Darf ich Ihnen eine Frage stellen?

T   «Fragen heisst hören auf das, was sich einem zuspricht»[55], sagt Heidegger. Wenn Sie solche Antworten wollen, dann fragen Sie.

M   Können Sie mir Gott beweisen?

T   Nein, ich kann nur über Gott reden, wenn ich über Erfahrungen rede.

M   Und wie erfährt man Gott?

T   Gott ist die Erfahrung des Guten.

M   Und wie erfährt man das Gute?

T   Vielleicht lohnt sich ein kleiner Ausflug zu den Naturreligionen Schwarzafrikas. Dort werden verschiedene Götter angerufen, die für alles Mögliche zuständig sind. Es gibt aber auch immer einen Hochgott, der nie angerufen wird. Er wird ausgerufen – man bemerkt ihn überall dort am Werk, wo Ordnung, Harmonie und Verständigung herrschen.[56]

F *lacht*   Das ist gut!

T   Ja, das ist Gott.

M   Die meisten Menschen auf der Erde sind religiös. Wie, ausser durch Gott, lässt sich das erklären?

F   Man kann feststellen, dass die Menschen schon seit zehntausend Jahren und länger religiös sind. Es muss sich um ein Grundbedürfnis handeln! Der Monotheismus mit seinem einen, umfassenden Gott für alle hat sich erst in jüngerer Zeit durchgesetzt, und, wie der Ausflug unseres Experten nach Afrika zeigt, noch nicht mal überall. Und habt Ihr Euch schon mal gefragt, warum sich die Gottesvorstellungen verschiedener Religionen – und sogar innerhalb einer Religion – so weit voneinander unterscheiden, wie sich auch die Lebenswirklichkeiten der Gläubigen weit unterscheiden? Wenn es lediglich der eine selbe Gott sein soll?

M   Umgekehrt gefragt: Wie kann man eigentlich *nicht* an Gott glauben?

T   Genau, wie könnt Ihr Atheisten eigentlich ernsthaft behaupten, es gebe keinen Gott?

F   Es gibt Gründe genug, alle Religionen und Gottesvorstellungen als unplausibel zu betrachten und abzulehnen. Wir Atheisten können die Nichtexistenz Gottes nicht beweisen, aber das liegt in der Natur der Sache: Nicht-Vorhandenes kann man nicht beweisen oder widerlegen, das gilt für Gott gleichermassen wie für Ufos oder Dämonen. Auch wenn wir selbst noch keine gesehen haben –

andere bezeugen sie mit grosser Selbstsicherheit. Meine Weltanschauung stützt sich auf den erkenntnistheoretischen Materialismus, ich halte das und nur das für existent, was sich objektiv nachweisen lässt.[57]

T   Warum soll es nicht eine unendliche Wirklichkeit geben, von der her sich alle endlichen Dinge erklären? Warum soll unserer Existenz aus dem Nichts kommen und im Nichts enden? Wir sind nun mal auf der Welt – vielleicht sterben wir in ein Nichts hinein, vielleicht aber auch in eine letzte Wirklichkeit, eine Realdimension Unendlichkeit, jenseits von Raum und Zeit, die Ewigkeit. Doch selbst wenn ich falsch läge, hätte ich vielleicht sinnvoller gelebt als einer, der sagt: Ich weiss nicht, woher ich komme und wohin ich gehe, im Grunde ist alles absurd.[58]

F   Nun – auch für uns Atheisten ist nicht alles sinnlos und absurd.

T   Wenn es keinen Gott gibt, woher kommt dann der Sinn?

F   Als Nebeneffekt seiner Intelligenz ist der Mensch das einzige Tier, das über den Sinn seiner Existenz und über seinen Tod nachdenken kann.

T   Vielleicht hat der Mensch auch zuerst über Sinn nachgedacht, und ist dadurch immer intelligenter geworden?

F   Jedenfalls erwarten wir aber ein bisschen viel von der Evolution, wenn wir annehmen, dass sie ausschliesslich wegen uns Menschen so abgelaufen ist – womöglich mit der Menschheit als Höhepunkt und Ziel.

M   Die Menschheit ist ein Zufallsprodukt der Evolution.

F   Auf den ersten Blick mag das unbefriedigend sein, weil es keine Orientierung für das eigene Leben liefert, keinen Sinn. Das stimmt aber nicht, denn ebendiese Evolution hat – ganz automatisch – den Menschen mit Instinkten und Bedürfnissen ausgestattet, die für sein Überleben und seine Fortpflanzung sinnvoll sind. Es gibt ein evolutionäres Belohnungssystem, deshalb fühlen wir uns genau dann glücklich, wenn wir diesen Bedürfnissen folgen können: Freunde finden, um Gemeinsames zu unternehmen; einen Partner frei auswählen dürfen; uns verlieben, eine Familie gründen und Kinder grossziehen oder lieber die Welt entdecken; einem Beruf nachgehen, der uns Freude macht; Hobbies haben; in einer schönen Umgebung leben; Gutes für andere Menschen tun; geachtet und geliebt werden. Der Mechanismus der Evolution führt uns genau dann zum persönlichen Glück, wenn wir im Rahmen ethischer Regeln unseren natürlichen, angeborenen Neigungen nachgehen dürfen. Der Sinn des Lebens und eines jeden Organismus ist, sich selbst zu erhalten und zu reproduzieren: Der Sinn des Lebens ist das Leben selbst.[59]

M Und der Tod?

F Der Tod ist Teil des Lebens. Der Tod dauert das ganze Leben und hört auf, wenn er eintritt.[60]

T Nun, wenn du spürst, dass es bald vorbei sein wird mit diesem irdischen Leben, dass der Tod näherkommt und dir die Luft zuschnürt, dass du nicht mal mehr pfeifen kannst, dann erst recht: Pfeif nochmal. Pfeif wie ein Kind, das im dunklen Keller die Gewissheit braucht, heil herauszukommen. Gott ist unser Jenseits. Das zu glauben genügt.[61]

M Das verstehe ich nicht.

F Ja, das verstehen Sie nicht, weil es spirituelles, inhaltsleeres Gesäusel ist – also Unsinn.

T Nein, es ist nicht inhaltsleer. Aber vielleicht können Sie es wirklich nicht verstehen – und ich kann es Ihnen auch nicht erklären, weil ich es selbst nicht mit Logik und Vernunft erfasst habe. Es ist eine Stimmung, eine Emotion. Vielleicht ist es verständlich als ein Satz zwischen mir und Gott.

M Ich glaube, das kann ich verstehen. Es ist wie die Intuition, aus der heraus ich im dunklen Keller plötzlich zu pfeifen beginne, plötzlich pfeift es aus mir, ohne dass ich mich dafür entschieden habe und ohne dass ich weiss, warum.

T Also einfach keine Angst: Wir sind vergänglich, aber da ist einer, der uns auffängt.

F Alles Vergängliche ist nur ein Gleichnis.

T Alles Unvergängliche – das ist nur ein Gleichnis. Und die Dichter lügen zu viel.[62]

M Wieso kommt man in dieses Jenseits?

T Weil es auf jeden Fall nochmal ein Gespräch darüber geben muss, was Gott sich vorgestellt hat bei der Geburt jedes Einzelnen. Wo soll dieses Gespräch stattfinden, wenn nicht im Himmel?

M Und wie kommt man in den Himmel?

T Jesus sagt uns, dass über den Eingang zum Himmel nicht irgendwelche Menschen oder Gesetze entscheiden, sondern allein Gott.

Das heisst dann auch: «Macht euch nicht so viele Gedanken, wer in den Himmel kommt. Lasst das mal meine Sorge sein!»

M Heisst das «Leben nach dem Tod»?

T Leben nach dem Tod ist ein Bild für unsere Begegnung mit Gott. Aber das ist natürlich auch nur ein Bild.[63]

F Und das heisst dann Auferstehung?

T Das Judentum hat sich einst dagegen gesträubt, an eine Auferstehung der Toten zu glauben, wie das viele Völker drumherum schon viel früher getan haben. Für die Israeliten, das Volk Gottes, war das Lebensziel nicht der Himmel, sondern: Nachkommen sehen, im verheissenen Land leben – also eine Heimat haben – und alt und lebenssatt sterben dürfen. Wir glauben aber, dass Gott seinen Gerechten nicht im Stich lässt und deshalb Jesus auferweckt hat. Und wir sind von Jesus eingeladen zu seinem himmlischen Festmahl. Deshalb glauben wir an ein Leben über den Tod hinaus auch für uns selbst und für alle Menschen.

F «Lebenssatt» finde ich ein schönes Wort – einen schönen Zustand.

T Eben!

M Wenn Gott so barmherzig ist, dass er alle Menschen in den Himmel lässt, ist es dann nicht egal, wie ich mich im Leben benehme?

T Benehmen Sie sich denn nur deshalb einigermassen anständig, um in den Himmel zu kommen? Gott möchte keine Menschen, die nur nach dem Himmel schielen. Er will, dass wir das Gute gern tun.[64]

F Das ist ein Gerücht, dass Ihr Theologen gern verbreitet: *mit verstellter Stimme* «Wenn es keinen Gott gäbe, würde die Menschheit ohne moralische Richtlinien dastehen.» Dabei spiegeln die Vorstellungen von Moral stets das wider, was mehr oder weniger empathiefähige Menschen als erwünschte Handlungen oder Unterlassungen werten.[65] Die Sicherungen der Moral muss ich mir allerdings selbst zusammenbasteln. Ohne Bedienungsanleitung.

M Und wenn die Sicherung durchbrennt?

F Nun, nicht der Atheismus stachelt die blutigen Leidenschaften an, sondern der Fanatismus.[66] Und ich habe keinen Grund, fanatisch zu sein.

T Ja, solange Sie nicht einem modernen Götzen in die Arme fallen. Fortschritt, Vernunft, Rasse, Revolution, Märkte, Planet – es gibt ja genug Ideen und Ideologien, die eine leicht verständliche Wahrheit bieten, der man einfach folgen muss.

M Ist Atheismus auch eine Religion?

F Was sind denn die Merkmale religiösen Denkens? Kennzeichnend für den Atheismus ist lediglich ein Zweifel an den Überzeugungen, die die Religionen festschreiben und durchsetzen wollen. Kennzeichnend ist, dass wir Toleranz und Offenheit gegenüber allen haben, die als unterschiedliche Menschen mit unterschiedlichen Weltanschauungen friedlich zusammenleben wollen. Aber diese Toleranz muss von allen Seiten erbracht werden.[67]

M Warum gibt es dann immer wieder Streit zwischen Atheisten und vielen Gläubigen?

F Was wahr und gut ist, ist für sie nicht diskutierbar.

T Zumindest im Christentum geht es gar nicht so sehr um Überzeugungen – um «gepachteten» Wahrheiten –, sondern um die Praxis. Wir sollen nicht ewig gültige Werte formulieren, sondern das Bestehende infrage stellen und mit prophetischer Weitsicht die vielen Ungerechtigkeiten anprangern. Das grosse Geheimnis des Christentums war schon immer der Glaube an die Wandlung – und die damit vermittelte Gnade der Wandlung.[68]

F Das finden Sie erhaltenswert an der Kirche?

T Das Bleibende ist natürlich die Wahrheit. Um nichts Geringeres geht es. Aber Tradition allein ist kein Wahrheitskriterium. Unsere Wahrheit muss sich immer am Neuen Testament orientieren.

F Denn dort steht sie festgeschrieben, und kein Jota darf verändert werden![69]

T Nein, Wahrheit im Sinne des Neuen Testaments ist die wahrhaftige Suche einer Antwort auf die Frage: Was hätte Jesus getan? Und Jesus spricht lieber vom Bereich Gottes als von Gott. Der Begriff Vater zeigt ja auch eine Relation, eine Beziehung, und nicht eine objektive Wahrheit.

F Der Bereich Gottes ist ja der Himmel – also: Jenseitsvertröstung.

T Nein, der Bereich Gottes, das Reich Gottes, ist schon mitten unter uns.[70] Es ist da, wenn Gutes sich ereignet und das Böse keinen Platz mehr hat.

M Wie erklärt Ihr Gut und Böse?

F Als Kategorien im Unbelebten existieren Gut und Böse erst einmal gar nicht. Aber unter uns Menschen gibt es natürlich Verbrechen jeglicher Abstufung. Die Veranlagung zur Gewalt steckt in den meisten Menschen – und sie lässt sich wecken.[71]

T Auf die Zweideutigkeit und das Übel gibt es keine vorgefertigte Antwort. Jeder Mensch als einmalige Person muss sich seine Lösung erarbeiten.[72] Wir wissen nur, dass es das Böse gibt, dass Menschen sich sogar absichtsvoll für das Böse entscheiden können. Wenn uns Leid widerfährt, dürfen wir aber Gott anklagen und anschreien wie Hiob. Wir dürfen nur von Gott keine Antwort erwarten, obwohl er uns liebt.[73]

M Wie ist das sonst, zwischen Menschen, mit der Liebe?

F Die Liebe kann sich sehr verschieden äussern. Aber es handelt sich um ein allen Menschen angeborenes Verhalten – aus gutem Grund.

T Dem will ich nicht widersprechen. Und die Liebe zu Gott ist auch allen Menschen ins Herz gelegt – ob wir es merken oder nicht.

M Glaube?

T «Glauben ist vertrauen auf das Unmögliche und Unwahrscheinliche»[74], sagt Goethe. Dieses Unmögliche muss aber gar nichts Unvernünftiges sein, sondern es ist einfach das Gegenstück zur Wirklichkeit, die leider unvollkommen bleibt.

F Glaube als Mangelerscheinung! «Wie hältst Du's mit der Religion?»[75]

T Die berühmte Gretchenfrage war ja damals etwas für Rebellen gegen religiöse Denkverbote – eine berechtigte Rebellion, für die man nur scheinbar mit dem Teufel paktieren musste.

F Zum Glück darf man heute alles denken und dank der Religionsfreiheit auch jeden beliebigen Gott ablehnen, zumindest in diesem Land.

T Deshalb lautet die entscheidende Frage auch nicht mehr, ob jemand glaubt, sondern warum![76] Und woran.

M Es glauben ja auch immer weniger …

F Ihr steckt in der Krise!

T Nun, wir haben ein Jahrhundert der «Gottesfinsternis» hinter uns, wie Martin Buber das nennt. Für das Christentum bedeutet das eine Krise des Glaubens an einen erlösenden Gott – und an ein erfülltes, selbstbestimmtes Miteinander.

F Euer Klub ist massgeblich selbst dafür verantwortlich.

T Nur dass ich die Kirche nicht als Klub sehe, sondern als Heimat und als Zukunft. Kirche hat die prophetische Funktion, sich für

Gerechtigkeit, Wahrhaftigkeit und Menschlichkeit einzusetzen. Nach dem Zweiten Vatikanum gebrauchte der grosse Konzilstheologe Karl Rahner das Bild von der Glut, die unter der Asche zu finden ist. Ich sehe so viel Asche, die in der Kirche über der Glut liegt, dass mich manchmal die Hoffnung verlässt.[77] Papst Franziskus sagt zwar, «wir haben alle die Verantwortung, so zu handeln, dass die Welt eine Gemeinschaft von Brüdern und Schwestern wird, die einander respektieren»[78], und soweit ich sehe, nimmt er diese Verantwortung auch für sich selbst ernst. Aber trotz dieser franziskanischen Glutnester sehe ich eine kranke Kirche mit aschgrauen, krankhaften Strukturen. Römisches Macht- und Wahrheitsmonopol, Juridismus und Klerikalismus, Frauenfeindlichkeit und Reformverweigerung[79] sind noch lange nicht vorbei. Wie können wir die Glut von der Asche befreien, sodass die Liebe wieder zu brennen beginnt?

F   Und trotz alledem bleiben Sie bei diesem kranken Papstverein dabei?

T   Ich war noch nie katholisch wegen des Papstes. Katholisch sein heisst eben nicht, immer dasselbe zu denken wie der Papst, das ist ein von der Kirche mitverschuldeter Irrtum.[80] Aber nicht Kritik beschädigt das Papsttum, sondern Schweigen. Kirche ist Instrument des Heils, nicht mehr und nicht weniger. Sie ist aber nicht das Heil selbst. Man kann Mozart auch von schwachen Musikern vorgespielt bekommen. Das tut zwar weh, aber Mozart bleibt Mozart.[81]

M   Sie meinen Kirche als Ganzes, nicht eine bestimmte Konfession?

T   Die universale Kirche, ja. Das Schiff der Kirche fährt mit dem Herrn über das Meer der Zeit. Es ist des Herrn Schiff, seine Fahrt und sein Schicksal. Er aber schläft. Er schläft im Schiff der Kirche. Der Sturm aber rast.[82]

M   Wie kann man schlafen, wenn die Welt zugrunde geht? Ich könnte das nicht.

T   Ja, genau. Und für uns Waisenkinder der Spätmoderne ist dieses Gottes-Zutrauen des schlafenden Herrn noch fraglicher geworden. Existiert sein Gott überhaupt? Und wenn ja, warum rettet er nicht?

F   Und wenn er nicht rettet, wozu braucht Ihr ihn dann?

T   Andererseits können es sich gerade die Armen und Kleinen nicht leisten, dass ein so grosses Hoffnungspotenzial vor die Hunde geht und ein so starkes Motiv für Gerechtigkeit und Solidarität einfach verdunstet. Aus der Perspektive der Armen und Not Leidenden darf aus der Kirchenkrise keine Evangeliumskrise werden.[83]

M Welche Kirche ist also wünschenswert?

T Die Kirche hat einen hohen Himmel und ein weites Herz, so weit, dass fast die ganze Welt darin Platz hat. Denn wer sein Herz an Gott hängt, hat den Himmel, und wer den Himmel hat, hat Freiheit. *Pause.* Ängstliches Christentum ist nichts wert. Man starrt auf seine Kritiker wie das Kaninchen auf die Schlange und verbarrikadiert sich hinter Gewissheiten: Eine feste Burg ist unser Gott, und Gott ist eine Waffe gegen die da draussen[84] …

E *kommt zum Tresen und schaltet sich in das Gespräch ein*   «Der Herr ist mein Fels, meine Festung und mein Retter, mein Hort, bei dem ich Zuflucht suche.»[85] Guten Abend.

T Guten Abend, Exzellenz. Nein, die Kirche ist nicht Hort für Rituale und Symbole. Auch nicht Hüterin einer überkommenen Wahrheit. Sie hütet einen immensen Schatz an Überlebenswissen. Unser Horizont ist das Jenseitige, ja. Gerade darum müssen wir das Diesseits vom Jenseits her infrage stellen. Die Welt, wie sie ist, muss nicht hingenommen werden.[86] *Er umarmt E freundschaftlich* Was führt Dich denn hierher?

E Das Bier. Der Zufall.

T Also der heilige Geist! Lange nicht gesehen …

E Ich leite eine Diözese. Ich setze mich mit Administration auseinander, mit Liturgie, mit Rom. Und ich versuche, nicht allzu sehr in die Fallen moderner Theologie zu tappen, die Du und die anderen früheren Kollegen aufstellen.

T Nun, wir versuchen auch, die Kirche von heute zu denken. Wir wollen nicht alles neu erfinden, wie Ihr manchmal glauben macht, auch wenn wir Thesen weiterentwickeln, die lehramtlich vielleicht kritisch beäugt werden oder die Du nicht in jeder Firmpredigt verwenden kannst. Wir beantworten auch heute noch die ganz klassischen Fragen nach Gott, Welt und Heilsgeschichte.

E Nach dem Grund der Hoffnung, die in uns lebt.[87]

M hat sein Handy noch auf Tisch 1 liegen, deshalb geht er mit Bier wieder dorthin zurück.

Szene 6 Der Wunderbeweis: über das Wasser gehen

Im Lauf des Gesprächs setzen sich E, F und T an Tisch 2, um dort bequemer im Dreierkreis reden zu können.

F   Fangfrage: Gott ist ewig, das Universum auch. Was ist ewiger?

T   Das Universum ist nicht ewig, auch wenn es uns so scheint. Gott umschliesst es, räumlich und zeitlich.

F   Und wie entstand Gott?

T   Jetzt muss ich aufpassen, was ich sage, wenn das bischöfliche Lehramt zuhört.

E   Du warst schon im Studium derjenige von uns, der solche Fragen besser beantworten konnte. Also ungeniert los: Wie entsteht Gott?

T   Wenn Ihr so wollt, waren dazu Menschen nötig. Sie erblickten die Erde, sie lebten zusammen, und manchmal riefen sie: Das kann sich kein Mensch ausgedacht haben! Das ist so schön und hängt alles so zusammen! So kamen sie Gott auf die Spur. Und Gott dachte: Erwischt![88]

E   Mein Lieber, das ist allerdings ein Wunderbeweis. Du beweist die Existenz Gottes damit, dass alles so schön ist. Dann kannst Du ihn auch damit beweisen, dass er das Rote Meer gespalten hat.[89] Aber das willst Du ja wieder nicht.

T   Es ist allerdings ein Unterschied, ob ich die Teilung des Roten Meeres als Beweis für Gott ansehe, weil (a) ich sie miterlebt habe und durchgezogen bin, oder (b) weil jemand aufgeschrieben hat, es sei so gewesen und es sei göttliche Offenbarung, ich davon aber nichts merke – oder (c) weil ich es so beeindruckend und schön finde, dass damals Menschen durch das Meer in die Freiheit ziehen konnten und Gott sie nicht im Unglück der Sklaverei gelassen hat. Das wiederum überzeugt mich.

E   Wieso überzeugt Dich der Gang Jesu über das Wasser[90] nicht?

F   Wenn er Gott wäre, hätte er den See ja teilen können!

T   Ja, genau – und das wäre mir dann egal, weil es mir nichts bringt. Aber ernsthaft: Ob Jesus übers Wasser geht, ist für mich irrelevant. Interessanter ist schon, ob Petrus übers Wasser geht und wie lange. Die eigentliche Frage ist aber: Fordert Jesus auch mich auf, übers Wasser zu gehen, und in welcher Situation fordert er mich dazu auf? Jesus kann uns so direkt und glaubhaft zu einer Verhaltensänderung herausfordern, dass er damit unsere Welt auf den Kopf stellt. Das wirkt furchteinflössend und gefährlich, weil es unsere liebgewonnene Sicherheit infrage stellt – es ist gerade so wie ein Ruf aufs Wasser hinaus.[91] Und erst wenn ich mich darauf einlasse und mein Verhalten grundlegend ändere, wenn ich selber übers Wasser gehe, dann erkenne ich: Es ist ein Wunder. Allerdings glaube ich dann nicht an Gott, weil ich das Wunder erlebe, sondern ich erlebe das Wunder, weil ich an Gott glaube!

E   Der Glaube versetzt Berge.

T   Sehr schön. Aber versetzte Berge zwingen nicht zum Glauben!

F   Einen Einspruch müssen Sie mir allerdings noch lassen: Der Mensch erfindet Gott, weil er feststellt, dass alles so wunderbar schön ist. Das ist aber doch ein Trugschluss, weil gar nicht alles «so schön» ist!

T   Das ist Ihre Sichtweise. Wenn Sie nicht hören, wer Sie aufs Wasser ruft, wie sollen Sie dann glauben, wenn Sie drüber gehen?

F   Ich bin nicht verrückt. Ich gehe nicht auf Wasser.

T   Einmal schon: am jüngsten Tag. Glauben zumindest wir Gläubigen.

F   Ich komme also auch in den Himmel, obwohl ich gar nicht daran glaube – und gar nicht dorthin will?

T   Ja. Weil ich Sie dort vermissen würde.

F   Also lassen Sie mich mitspielen: Wie verhalte ich mich richtig im Umgang mit Gott, wenn ich ihm, sagen wir mal, zufällig oder absichtlich begegne?

E   Die klassische Botschaft der letzten Jahrtausende ist ja: demütig vor ihm niederwerfen, einsichtig auf die Knie gehen, flehentlich um Vergebung bitten für alle deine Sünden, Frevel und Unreinheiten sowie für die Ursünde.

F   Wusste ich es doch: Kuschen vor Gewaltandrohung.

T   Eben. Natürlich sollen Sie nicht stolz, rechthaberisch oder kindisch sein. Aber besser als Furcht wäre schon mal Ehrfurcht, Respekt. Ich glaube durchaus, dass wir niemandem anders als selbstbewusst und respektvoll begegnen sollten, auch Gott nicht.

E   Aber Gott ist ja nicht niemand, sondern das absolut Gute.

T   Umso mehr: Ich kann in meinen Leben nicht gut sein, denn niemand ist gut ausser unser Vater im Himmel,[92] aber ich kann doch wohl aufrecht leben in allem, was ich tue. Und aufrecht und niederwerfen schliessen sich für mich aus.

E Das stimmt, aufrecht niederwerfen ist ein komisches Bild.

F Wie also würde ich mich richtig verhalten? Aufrecht – und umsorgen lassen?

E Ja, und dann vermutlich von da aus aufrecht und umsorgend auch auf andere zugehen.

T Oder ganz anders …

E Zuerst überzeugst Du mich, und jetzt doch wieder anders. Moderne Theologen sind auch seltsam …

T Wenn Gott dir begegnet – freu dich einfach. Wenn du weisst, er ist da, er behütet deine Wege und lässt dich übers Wasser gehen, dann freu dich ganz einfach, strahle diese Freude aus, und teile diese Freude mit – lass dich von Gott gefunden sein, wie im Gleichnis von der Drachme, wo die Frau zu ihren Nachbarinnen geht und sagt: «Freut Euch mit mir, ich habe das verlorene zehnte Geldstück gesucht und wiedergefunden, ich möchte diese Freude mit Euch teilen.»[93]

F Ich soll mich freuen, weil jemand die Münze aufhebt, die ihm unter den Tisch gerollt ist? Kopf oder Zahl? *B bringt einen Teller mit Süssigkeiten.* Nein, Gott ist und bleibt für mich ein Werkzeug von machtgeilen Mächtigen, die behaupten, Gott habe ihnen diktiert, wie er sei und wie der Mensch sein soll – damit die Menschen glauben statt geniessen!

B Erlauben Sie, dass ich darauf auch geniesse. *Er nimmt sich etwas von dem Teller.* Wissen Sie also inzwischen, was Gott ist?

F Ja, ein Gottesbeweiskonstrukt: Sie definieren Gott wie als Objekt, zum Beispiel als die weisse Billard-Kugel, die in den Pulk der bunten Menschenbälle einschlägt, und alle nach festgeschriebenen Regeln auseinandertreibt. Ich bin aber keine Kugel.

E Gott ist ja auch nicht Kugel, sondern personales Gegenüber, zu dem man Beten kann: Ich Mensch bin angewiesen auf Dich, Gott. Du bist mein Schöpfer und Erlöser.[94]

F Ach, ist das so? Manchmal kickt auch die bunte Kugel die weisse ins Loch!

T Ist es auch nicht unbedingt. Denn Gott als Ich-bin-für-euch-da-Gott, als der Mitsucher der wiedergefundenen Drachme, ist gar nicht zwingend ein Gegenüber. Jesus lehrt auch nicht: Wenn Du zu Gott beten willst, knie nieder und sag: «Gott Du im Himmel, komm Du zu mir, und lass mich unter Deiner gnädigen Herrschaft leben.» Er sagt: «Wenn Ihr betet, dann sagt ‹Unser Vater im Himmel, Dein Bereich breche an.›»[95] Das ist etwas ganz anderes: Im Bereich des Göttlichen, von mir aus unterm Schutz des Höchsten, sollen wir – ich, meine Geschwister und Vorfahren – leben.

B Zusammen?

T Unser Vater: ja. Mein Gott: nein.

F Aus dem Du-Gott wird ein Wir-Gott! Also ein Ihr-Gott.

E Ist Gott-Du dann symbolisch?

T Ja, Person, Du, Lebendiger ist auch symbolisch. Wir können nicht anders als in Symbolen von Gott sprechen, nur finde ich «liebende Person» oder «väterlicher Bereich» ein viel passenderes Symbol als «weisse Billard-Kugel».

E Gott ist anders. Als Beziehungs-Gott geht er noch weit über Person, Du, Vater hinaus. Nicht der Gott, der gebraucht wird, auf den wir angewiesen sind, wird in der Gemeinschaft erfahren, sondern die «Tiefe der Diesseitigkeit»[96].

F Sag ich ja, Diesseitigkeit: Geniesse das Leben.

T «Tiefe der Diesseitigkeit» sagt Bonhoeffer. Und wenn Du Bonhoeffer gelesen hast und Dich auf seine Spiritualität einlässt, dann ist das bestimmt stimmig und richtig. Aber wenn nicht, dann klingt «Tiefe der Diesseitigkeit» zwar besser als Sinn oder Rauschebart, ist es aber immer noch ein Symbol und deshalb für sich genommen falsch. Kein Symbol sagt allein alles. Und damit sind wir wieder bei Jesus: Die Frage ist nicht, «Wie können wir Gott erkennen?», sondern «Wie können wir in seinem Bereich mitmachen?».

Szene 7 Wirtschaft

Zu Beginn von Szene 6 ist W eingetreten. Er schaut sich um, und setzt sich dann zu M an Tisch 1. Es entwickelt sich ein Gespräch, das eigentlich parallel zum Gespräch zwischen F, E und T verläuft, bei einer Inszenierung oder szenischen Lesung aber nachgeschoben werden soll.

M Darf ich Sie etwas fragen?

W Bitte.

M   Was wissen Sie über Gott?

W   Oh. Ich bin Wirtschaftsanalyst, kein Theologe. Sie fragen den Falschen. *Lange Pause.* Wir leben im falschen System. Der Gott des Geldes verlangt von seinen Dienern zuweilen mehr als der Gott der Gläubigen.[97]

M   Aber am Geld misst sich doch unser Erfolg?

W   Kann man denn über Geld interessante Gespräche führen? Geld macht uns vor allem eines: einsam! Erfolg hat mit Leidenschaft zu tun. Sie müssen für eine Sache brennen. Das ist es, was uns als Menschen ausmacht: die Eigenschaft, mehr zu wollen, als bloss reich zu sein.[98] Wir müssen uns befreien von Angstzuständen, Hypotheken, Geld, Schuldgefühlen, Sorgen, Regierungen, Langeweile, Supermärkten, Rechnungen, Melancholie, Schmerz, Depressionen und Verschwendung. Es könnte uns gelingen, den Imperativ des Fleisses zu brechen – allerdings nur, wenn wir hart an uns arbeiten.[99]

M   Ist das nicht total naiv? Kann Wirtschaft so funktionieren?

W   Die aktuellen Wirtschaftskrisen weisen doch auf eine tiefe anthropologische Krise hin: Die Leugnung des Vorrangs des Menschen! Die Anbetung des antiken goldenen Kalbs[100] hat eine neue und erbarmungslose Form gefunden im Fetischismus des Geldes und in der Diktatur einer Wirtschaft ohne Gesicht und ohne ein menschliches Ziel. Der Mensch wird auf nur eines seiner Bedürfnisse reduziert: auf den Konsum.[101]

M   Ja, aber böse gefragt, sollen wir Menschen denn noch andere Bedürfnisse haben als den Konsum?

W   Nun, was macht denn die wirkliche Welt aus? Fette Gewinne für Geschäftsleute. Oder doch eher: Dichtung, Freude, Natur, Begegnung? Nichts scheint heute verwerflicher als das gute Leben. Die neue Hightech-Natürlichkeit besteht in der paradoxen Sehnsucht, sparsam zu sein und üppig zu leben, alles zu beherrschen, aber dem Unbeherrschten Raum zu geben.[102] Leute, hört endlich auf zu jammern! Kündigt eure Jobs! Zerschneidet eure Kreditkarten! Backt Brot! Spielt Ukulele!

M   Aber müssen wir nicht etwas kaufen, wenn wir etwas brauchen? Und sollen wir nicht das, was wir geniessen, auch erarbeiten?

W   Das ist nicht das Problem. Das alte Denken im Stil von «Hier ein Paar Schuhe, das ewig hält» wurde abgelöst von dem Versprechen

«Hier ein paar Schuhe, mit dem Du Dich super, unbesiegbar und besonders up to date fühlst». Damit ist ein falsche Bewusstsein in die Welt gekommen,[103] ein falscher Gott.

M   Kann man diesem Gott nichts entgegensetzen?

W   Schon lange nicht mehr. Das Moralisieren ist sinnlos. Wozu soll ich die Leute davon überzeugen, nicht zu shoppen? Jede Zeit erfindet ihre eigenen Sünden. Die sieben Todsünden gelten heute als Tugenden. Geiz ist geil. Völlerei und Neid kurbeln die Wirtschaft an. Sprechen wir also mal von modernen Sünden: Steuerhinterziehung, Verbrechen gegen den Datenschutz ...

M *ernüchtert*   Und natürlich CO_2-Ausstoss. Bonusmeilen. Biosprit. Nahrungsmittelspekulation. Waffenhandel.

W   Jede Kanone, die gegossen wird, jedes Kriegsschiff, das vom Stapel läuft, jede Rakete, die abgeschossen wird, ist letztlich Diebstahl. Man bestiehlt die, die hungern, und die, die frieren und keine Kleidung erhalten.[104] Und was viel schlimmer ist: Viele, die in der Wirtschaft Verantwortung tragen, also Macht haben, betrachten uns Menschen als Konsumgut. Wir in der wohlhabenden Welt sind nur wichtig, wenn wir konsumieren, also wenn wir wegwerfen. Die nicht wohlhabenden, die unseren Wohlstand produzieren, sind sogar selbst Konsumgut geworden, das man gebrauchen und dann wegwerfen kann. Wir haben unsere «Wegwerfkultur» breitest möglich globalisiert und verhindern die Zugehörigkeit dieser Menschen zur lokalen und globalen Gesellschaft, in der sie leben. Sie befinden sich nicht etwa in der Unterschicht oder gehören zu den Machtlosen, sondern stehen draussen. Diese Ausgeschlossenen sind nicht «Ausgebeutete», sondern Müll, «Abfall».[105]

M   Oh! *Er wirkt zunehmend frustriert bis entsetzt.* Wäre die Grundlage für ein freies Leben dann radikaler Konsumverzicht?

W   Ja, aber auch nicht asketisch und entsagungsvoll. Es ist Konzentration auf das Wesentliche.[106]

M   Sofern ich das Wesentliche denn bekommen kann, denn zum Wesentlichen gehören die Menschen, die ich um mich haben will, zumindest manche Menschen.

W   Wenn Sie in einer Nullsummen-Gesellschaft sind, schafft das ein Band. Ich bin von Ihnen abhängig und weiss, dass andere Menschen auch von mir abhängen. Das ist zwar manchmal lästig, doch ist es vermutlich der minimale Preis, den man bezahlen muss, um in einer halbwegs humanen Gesellschaft leben zu können. Diese Abhängigkeiten sind Beziehungen, die oft nicht nur monetär sind, da spielen Freundschaft, Loyalität, Solidarität mit. Aber auch Konflikt und Herausforderung. In einer Win-Win-Gesellschaft, wie wir sie heute erleben, greift aber das falsche Bewusstsein: Jeder spielt sein Spiel allein, weil das moralische Postulat «Bereichere Dich!» einem den Blankoscheck für dieses Handeln gibt.

M Ein liberaler Unternehmer würde Sie fragen: Wo ist das Problem?

W Ein moralischer Imperativ: Wenn zwei oder mehr einen Profit machen, suche den ausgeschlossenen Dritten, der die gesamte Zeche bezahlt.[107] So ist die Welt: kein Glaube; keine Mitmenschlichkeit mehr.

W *bezahlt sein Getränk und geht wieder. M bleibt irritiert zurück.*

Szene 8   Pascal'sche Wette oder Wann entstand der Atheismus?

M kommt zu F und E an Tisch 2.

M Sie sind doch Atheist?

F Ja.

M Seit wann gibt es den Atheismus eigentlich?

F Gute Frage. Fragen Sie doch mal ihn. *Er weist auf E.* In einem Psalm heisst es nämlich «Der Tor spricht in seinem Herzen: Es ist kein Gott.»[108]

E An Anlässen für diese Torheit hat es nie gefehlt. Atheismus ist ein westliches Phänomen, das in Ostasien und Amerika unbekannt war, aber dafür hat der Atheismus hier viele Väter: die griechischen Sophisten, Epikur, Descartes, die Begründer der neuen Wissenschaft im 17. und die Materialisten in 18. Jahrhundert. Oder doch erst Feuerbach?

F Das älteste bekannte Dokument, das die Existenz Gottes bestreitet, wurde 1659 von einem anonymen Philosophen verfasst. In seinem «Theophrastus redivivus» deckt er Widersprüche in den Grundannahmen der drei abrahamitischen Religionen auf, entkräftet Gottesbeweise und zeigt, dass die Bibel dubioses Menschenwerk ist.[109]

B   Ob die These von Gott nun wahr ist oder nicht, oder jemals wahr war, ist doch gar nicht so wichtig. Es ist für die reale Welt viel wichtiger, dass die These interessant ist, als dass sie wahr ist.[110]

M   Also gibt es Gott?

B   Fragen Sie sich einfach, was sich an Ihrem Leben ändern würde, wenn es ihn gäbe – oder wenn es ihn eben nicht gäbe!

F *zu B*   Fangen Sie nicht auch noch an, ihn zu verwirren. *Zu sich selbst* Es gibt keinen Gott; er soll sich nichts fragen, er soll anfangen zu leben …

F begibt sich an die Theke, B folgt ihm. M und E bleiben zurück.

E   Setzen Sie sich mal hier rüber. Sie suchen doch nach dem Gottesbeweis.

M   Ich weiss nicht mehr recht …

E   Ich schlage Ihnen etwas vor. Ich schlage Ihnen ein Spiel vor: Stellen Sie sich vor, Sie müssen wetten. Würden Sie auf Gott wetten oder gegen ihn?

M   Ich möchte lieber nicht wetten.

E   Aber wenn Sie es täten? Wenn Sie wetten müssten?

M   Also gut, erklären Sie mir das Spiel.

E   Stellen Sie es sich vor wie das Werfen einer Münze. Die eine Seite ist Kopf: Gott existiert. Die andere Seite ist leer: Er existiert nicht. *Pause* Worauf setzen Sie?

M   Ich bin wirklich nicht sicher, ob ich spielen möchte.

E   Stellen Sie sich vor, dass Sie müssten.

M   Ich will nicht verlieren.

E   Es ist nur ein Experiment.

M   Gut, und was könnte ich gewinnen?

E   Nun, im einen Fall gewinnen Sie das ewige Lebens in der himmlischen Gemeinschaft mit Gott und den Heiligen.

M   Sehr abstrakt. Das ist der Fall, wenn es Gott gibt. Die Kopf-Seite der Münze. Was gewinne ich im anderen Fall?

E   Nichts. Diese Seite ist ja leer.

▬ Exkurs: Pascal'sche Wette

Der französische Mathematiker, Physiker und Philosoph Blaise Pascal (1623–1662) formulierte sein Argument für den Glauben an Gott in Form einer Wette beim Werfen einer Münze. Dabei soll geklärt werden, ob der Glaube an Gott vernünftig ist (Kopf-Seite der Münze) oder der Nicht-Glaube (leere Seite der Münze). Es handelt sich nicht um einen Gottesbeweis, beim Münzwurf sind die Kopfseite und die leere Seite gleichermassen möglich. Pascal kommt zum Schluss, dass man auf Gott setzen muss, weil man am guten und menschenfreundlichen Leben im Diesseits bereits gewinnt und bei einem Nein nur verlieren kann (also wissenschaftlich gesprochen: einen höheren Erwartungswert hat).[111] Ich habe hier bewusst einige negativ jenseitige Wendungen genommen, um den negativen Einfluss der Institution Kirche in diesem Geschehen sichtbar zu machen und um den dramatischen Reiz zu erhöhen.

Gegen die Pascal'sche Wette wird zurecht vorgebracht, es handle sich «um einen Zirkelschluss: Um die Wette akzeptabel zu finden, muss bereits an einen ganz bestimmten, genau festgelegten Gott mit spezifischen Eigenschaften geglaubt werden. Weicht auch nur eine der für Gott angenommenen Eigenschaften vom tatsächlichen Gott ab (wenn er denn überhaupt existiert), dann verliert man die Wette, obwohl man glaubt sie zu gewinnen.»[112]

M Oh! Und was ist der Einsatz?

E Im einen Fall: ein tugendhaftes Leben nach Massgabe der heiligen Mutter Kirche, wie man so schön sagt. Zeichen der Umkehr und Busse für Ihre Fehler und Sünden und ein geduldiges Tragen der Leiden, die Gott Ihnen auferlegt.

M Und im anderen Fall?

E Nichts.

M Ein Nullsummenspiel. *Pause* Und wenn ich verlieren sollte?

E Nun, das hängt ein bisschen von Ihnen ab: Je nach Anzahl und Schwere Ihrer Sünden, Laster und Verfehlungen kommen Sie kürzer oder länger ins Fegefeuer …

M Fegefeuer?

E Naja, Sie werden durchgeglüht, aufgeschmolzen, von allen unedlen Anteilen getrennt und dann neu geprägt, wie die Münze, von der wir reden. Oder Sie wandern gleich in die Hölle – aber das wollen wir natürlich nicht annehmen. Selbstredend gibt es einen kräftigen Sündenaufschlag, weil Sie nicht auf Gott gesetzt haben.

M Das ist, wenn ich auf Nichts setze, aber die Münze fällt doch auf Gott? Sie machen mir Angst.

E Die Münze hat ja zwei Seiten.

M Im anderen Fall – wenn ich auf Gott setze – passiert mir *Pause* nichts?

E Ja fast. Sie haben dank des tugendhaften Lebens ja weniger Sünden, einige haben Sie auch schon abgezahlt, und einen Aufschlag gibt es auch nicht. Vielleicht ist Gott ja gnädig und lädt Sie gleich zum Jubelfest.

M Gott oder Nichts. Was soll ich wetten?

E Wetten Sie auf Gott?

M Eigentlich will ich nicht – nein, werfen Sie die Münze nicht, nein – ich werde auf gar keinen Fall wetten. Das steht fest.

M springt auf und geht zum Tresen.

E *ruft ihm hinterher*　　Nun, da es um Gott geht, sitzen Sie automatisch am Spieltisch. Sie müssen wählen, Sie sind mit im Boot …

M Ich bin im Boot? *Schreit* Ja, ich bin im Boot. Es ist Sturm. Und der Herr schläft. Bezahlen!

B Drei Bier? 11 Franken 70.

M *leise*　　Es gibt keine Möglichkeit. Man kann nur auf Gott setzen. Es ist diese Wette. Es gibt ihn, muss ihn geben. Die Welt ist so, wie sie ist, unheil, verworren, unverständlich. Die Menschen raffsüchtig und rachsüchtig und versöhnungslos. Wir verstehen uns nicht, wollen uns nicht verstehen. Es gibt ihn, aber er tut nichts, er schläft. Es kann ihn nur geben, ohne uns. Ohne ihn ist der Mensch heil, und mit seiner Welt wie mit sich selbst versöhnt.

B Ohne Gott? Sie sagen, es gibt ihn, und da lehnen Sie ihn ab?

M Was soll ich mit einem solchen Gott? Er zwingt mich, auf ihn zu wetten. Es gibt keine andere Lösung. Er zwingt mich überhaupt. Er macht mich zu einem Rädchen, das funktionieren soll, zu einem Objekt, auf das immer – erbarmungslos – diese Münze fällt. Wir können doch nicht einfach hinnehmen, dass er uns zum blossen Spielball macht, dass er uns absolut beherrscht, dass unsere ganze Freiheit, unsere Subjektivität, vor die Hunde geht! Können wir das?[113] Wenn ich das Menschliche im Menschen wahren und zur echten Menschlichkeit bringen will, dann darf es ihn nicht geben. Nicht für mich und nicht für diese Welt.

B Gott ist die sehnliche Hoffnung, dass menschliche Existenz sinnvoll ist.

M   Gott ist Verrat. Hier, nehmen Sie Ihr Geld und lassen Sie mich. *Pause.* Nun, wenn es Gott gibt, wenn es ihn aber nicht geben darf: Dann muss man Gott umbringen.

B   Rückgeld?

M *grob*   Behalten Sie's. *Pause* Warte! *Er nimmt sich doch eine Münze.* Was ist mit dem Rand der Münze?

B *liesst*   Dominus Providebit?[114]

M geht zurück zu E an den Tisch.

M   Eine Frage noch.

E   Gott oder Nichts – Sie sind mit im Boot.

M   Was ist, wenn die Münze auf dem Rand liegen bleibt?

E   Auf dem Rand? Nein, das kann nicht passieren.

M *laut*   Was ist, wenn die verdammte Münze auf dem Rand liegen bleibt. Wäre doch immerhin möglich, oder?

E   Das geht nicht. Sie kommen an Gott nicht vorbei.

B *ist M hinterhergegangen, fragend*   Gott sorgt für uns?

M   Soll ich wirklich?

B   Was?

M   Wenn ich nicht wetten will. Wenn die Münze nicht auf dem Rand liegen bleibt. Und wenn es niemanden gibt, der Gott umbringt. Wenn es aber jemanden geben muss – dann muss ich es tun: Ich werde Gott umbringen.

B   Und warum?

M   Kein Warum. Manchmal muss man einfach ins Wasser springen.

F *hat vom Tresen aus nur den letzten Satz gehört*   Es gab da mal einen, von dem wird behauptet, er sei sogar drüber gegangen.

B *zu F*   Ja, vielleicht. Aber selbst das weiss man nicht, solange man an Land bleibt.

Szene 9   Ämterfrage und Schäfchenproblem

Auch T gesellt sich wieder zur Runde an Tisch 2.

E   Warum verstehen uns die Gläubigen nicht mehr? Warum können immer weniger Menschen mit unserer Kirche etwas anfangen?

T   Zum Beispiel diese vier Punkte: Erstens, Zölibat freiwillig. Zweitens, Frauen in die Ämter. Drittens, Abendmahlsgemeinschaft mit den Protestanten. Viertens, wiederverheiratete Geschiedene zur Eucharistie zulassen?[115]

E Das sind aber keine zentralen Glaubensfragen.

T In der Tat, aber es sind zentrale Hindernisse auf dem Weg zu Gott, den die Kirche versperrt. Ich frage mich allerdings, mein lieber Bischof: Darf man diese Macht- und Ämterfragen, die Fragen nach Laien, Priestern und Gottesdienstgemeinschaft, darauf reduzieren, wer welche Aufgaben wahrnehmen und wer welche Entscheidungen treffen darf? Die Ämterfrage ist keine Frage der Macht, zumindest, glaube ich, wäre sie es nicht, wenn wir gemeinsam die Erinnerung an Jesu Wandlung – im seinem Auftrag zu seinem Gedächtnis[116] – als Fest des Lebens feiern würden. Nicht ein Nebeneinander von Stehenden und Knienden, womöglich Oben und Unten; kein Abwechseln von sakramental wirksamen und ergänzenden Gebeten; auch kein Nacheinander in der Schlange der Kommunion; sondern ein Miteinander, das zumindest manchmal einen Hauch von Abendmahlssaal, im Hier und Jetzt für immer, aufkommen lässt. Solange das nicht gegeben ist, ist es mir völlig egal, wer da oben und vorne steht: ob Mann oder Frau, studierter oder ordinierter Theologie oder nicht, zölibatär lebend oder verheiratet und mit wem. Einzig entscheidend ist, dass wir gemeinsam ganz da sind, so wie Gott für uns da ist. Weniger polemisch gesagt: Wir müssen einen angemessenen Rahmen und angemessene Räume finden, um Kommunion, Eucharistie, Abendmahl zu feiern. Das kann natürlich der Tisch sein, an dem alle sitzen. Das kann der Kreis sein, in dem wir stehen. Das kann auch mal die Papstmesse mit Zehntausenden sein, wenn wir Miteinander feiern. Lasst uns Kirchen einreissen – und Räume schaffen!

E Da stellt sich natürlich die Frage: Wie willst Du das vermitteln?

T Du meinst, ob man alle mitnehmen kann, wenn man die Gottesdienste Reich-Gottes-konformer machen will?

E Ja, und wenn nicht – ist es dann noch Reich-Gottes-konform?

T Wobei wir vielen Menschen einfach viel mehr zutrauen, zumuten und letztlich ermöglichen können! Symbole kann man verständlich erklären, und natürlich darf man sagen, dass eine symbolische Rede symbolisch ist – wenn es der Prediger selbst verstanden hat und es sich selbst zumuten will.[117] Und überhaupt können wir in der Kirche ja überall anfangen, einfach und klarer zu reden. Zu sagen, dass wir alle schon zum Reich Gottes gehören …

E Dass Gott uns für sein Reich bereit machen will …

T   .... und wir folglich dereinst mit dem ewigen Leben rechnen können, ja. Mit genau solchen Jenseitsvertröstungen muss Schluss sein! «Wer glaubt, hat das ewige Leben»[118], sagt Jesus bei Johannes, weil er schon jetzt im Reich Gottes lebt! Es wird einen grossen Teil vernünftiger und kluger Leute geben, die es verstehen werden und die gern mitmachen.

E   Unter uns: Um gewisse jüngere und erzkonservative Kreise mache ich mir auch keine Sorgen; die sollen dann halt ganz offiziell ihre eigene Sekte aufmachen und weiterhin Theismus feiern. Worum ich mir wirklich Sorgen mache, ist eine Gruppe fromm gläubiger, vielleicht geistig nicht mehr so fitter, meist älterer Menschen – alte Weibchen –, die auf die Kirche und den Glauben wirklich angewiesen sind als realen Begegnungsort und geistigen Halt und die wir um des Reiches Gottes willen nicht verlieren und verwirren dürfen.

T   Das verstehe ich. Wobei, vielleicht sind gerade diese alten Weibchen weiter, als wir denken, offener und wandlungsfähiger: *mit verstellter Stimme* «Früher war die Kirche auf Latein, dann haben sie die Altäre gedreht und die Frühmesse abgeschafft, jetzt wollen sie Altäre ganz rausreissen und im Kreis sitzen statt knien, und sie reden nur noch von Reich Gottes und gar nicht mehr von Gott: Sollen sie doch machen, es wird unserm Herrgott schon recht sein.»

Am Tresen, also wie nebenbei:

B   Was halten Sie nun von Kirche?

F   Ich finde ja viele Kirchen und Kathedralen kunstgeschichtlich hoch interessant; aber mit Gott hat das nichts zu tun, den hat es nie gegeben.

B   Vielleicht.

F   Wahrscheinlich. Sehr wahrscheinlich. Also: Mach dir keine Sorgen ... *Pause* Aber machen Sie mir noch ein Bier, bitte ...

Wieder alle gemeinsam im Gespräch:

T   Also nochmal anders, moderater und im biblischen Symbol könnte man es das Schäfchenproblem nennen: Der Bischof wird ja seit je mit einem Hirten verglichen. Der Papst ist Oberhirte. Jesus sagt: Ich bin der Gute Hirte.[119] Schon der Psalmist singt: Der Herr ist meine Hirte, nichts wird mir fehlen.

E   Er weidet mich auf grünen Auen und führt mich zum Ruheplatz am Wasser[120] ...

T   Nur: die Gläubigen von heute wollen keine Schäfchen mehr sein, sie wollen selbst denken. Wir sind keine Herde, schon gar keine Schafherde, die treu blökend hinter einem seltsam gekleideten Hirten herläuft und die sich überallhin treiben lässt, wo das Gras anscheinend grün ist.

F   Manchmal sehen mir die Mensch schon noch so aus. Nur ist die neue Weide dann ein Stadion, eine Konzerthalle oder ein Warenhaus, und der neue Hirte ist ein «iHirt»!

E   Das gilt für manche Schafe schon immer. Meine Schafe hören auf meine Stimme, nicht auf die Stimme des Diebes,[121] sagt Jesus. Aber selbst meine Schafe, die bewusst das Gute suchen, wollen nicht mehr hinterherlaufen.

T   Auch wir sind individueller geworden. Mein Ideal vom Tier ist ja nicht mehr das geführte Nutztier auf grüner Weide, das nachts im Pferch vom Hütehund beschützt wird, wenn der Wolf kommt. Unser Ideal-Tier lebt in Freiheit, wie der Steinbock hoch in den Bergen oder wie der Elefant im Naturreservat.

F   Ein beschützter Rahmen für die freie Natur. Das ist das Idealbild des Christen heute?

T   Das ist zumindest das Idealbild von Natur. Wie dieser Schutzpark für Menschen aussehen kann, in dem wir alle einigermassen so leben können, wie es uns entspricht, und nicht ständig von den Zwängen des Wirtschaftswachstums und unserer eigenen Dummheit eingeengt werden, das wäre noch zu klären.

E   Und wir Hirten wären dann als Wildschützer gefragt? Ich bin der gute Wildhüter, ich schlage die Wilderer in die Flucht?

T   Vielleicht eher das andere, seltsamere Bild: Ich bin die Tür zu den Schafen. Der Wilderer steigt durch das Fenster, und die Schafe folgen ihm nicht.[122]

E   Möglich.

T   Ausserdem haben wir, die die aktive Rolle der Kirche tragen, dafür zu sorgen, dass die grünen Auen und der Ruheplatz am Wasser auch wirklich im Reservat liegen und dass der Ruheplatz nicht mit Abwässern, Antibiotika und Fluglärm verseucht ist. Der Wildschützer ist auch politisch. Wir müssen das Bewusstsein wachhalten, dass Leben mehr ist als Essen, Trinken und materielle Güter. Zum Beispiel Gerechtigkeit und Weisheit.

Szene 10 Aufbruch zur Tat

M geht auf B zu.

B   Und?

M   Sie verstehen es auch nicht. Ich will nicht in der Herde sein, und nicht im Naturreservat. Ich brauche Gewissheit. Ich brauche Fakten. Ruhe. Nur noch meine Welt. Es muss etwas geschehen! Was, wenn die Münze nicht auf dem Rand liegen bleibt? Ich will und werde diese Wette nicht verlieren.

B   «Wer ist der Mensch, der das Leben liebt und gute Tage zu sehen wünscht?»[123]

M   Ich?

B   Wenn Du das hörst und antwortest: «Ich», dann sagt Gott zu Dir[124]: «Suche deinen Frieden und jage ihm nach.»[125] Jagen, hörst Du!

M *zögerlich*   Es gibt da so ein Gedicht:
«Ach nein, ich kann kein Schächer sein,
da müßt ich wilder, frecher sein,
wahrscheinlich auch viel böser; …»

B *aufmunternd*   Genau das!
«… und weil ich lau und feige bin,
nicht Bratsche und nicht Geige bin,
langt's nicht mal zum Erlöser.»[126]
Auf!

M   Wenn Sie meinen …

M steht energisch auf und geht ab.

Chor der Atheisten

Der Chor der Atheisten tritt auf, er besteht aus mindestens fünf bis sechs Personen (darunter auch F und W). Die Anmerkungen zum Chor der Bischöfe gelten entsprechend.

Wie der Mensch denkt, wie er gesinnt ist, so ist sein Gott: Das Bewusstsein Gottes ist das Selbstbewusstsein des Menschen. Aus seinem Gotte erkennst Du den Menschen und aus dem Menschen seinen Gott; beides ist eins.[127]

Wie? Ein Gott, der die Menschen liebt, vorausgesetzt, dass sie an ihn glauben, und der fürchterliche Blicke und Drohungen gegen den schleudert, der nicht an diese Liebe glaubt![128]

Ich sehe die Welt als eine Fabrik des Leidens. Niemand, kein Gott, keine Kirche und keine Regierung, bewahren einen davor, selbst zu entscheiden, was gut und böse ist.[129]

Auf einer theoretischen Ebene akzeptiere ich das Ringen der Religion um das Gute. Aber in meinem Leben hat sie bösartig gewirkt, und meine Reaktion ist so, wie Sie erwarten dürfen.[130]

Die Kirche ist ein vergifteter Fluss, der einer Kläranlage bedarf.[131]

Falls es Gott gibt, dann ist die Existenz des Katholizismus Gottes Wille und muss hingenommen werden. Falls es aber keinen Gott gibt, dann haben die Katholiken grosses Pech gehabt und verdienen Mitgefühl.[132]

Natürlich gibt es eine jenseitige Welt. Die Frage lautet nur: Wie weit ist sie von der City entfernt, und wie lange hat sie offen.[133]

Mein Unglaube ist ein weisser Raum, undurchsichtig, in dem man sich nur mit Mühe vorwärts bewegt, ein endgültiger Winter.[134]

Irgendwann habe ich angefangen, mir das Wort Gott zu gönnen. Wenn man sich dieses Wort verbietet, hat man extreme Schwierigkeiten, bestimmte Dinge zu sagen.[135]

Einen Gott, den «es gibt», gibt es nicht.[136]

Vielen Dank für die Wolken.

Vielen Dank für das Wohltemperierte Klavier

und, warum nicht, für die warmen Winterstiefel.
Vielen Dank für mein sonderbares Gehirn
und für allerhand andre verborgne Organe,
für die Luft, und natürlich für den Bordeaux.
Herzlichen Dank dafür, dass mir das Feuerzeug nicht ausgeht,
und die Begierde, und das Bedauern, das inständige Bedauern.
Das Gedicht begann noch im typischen Sprechstil der Chöre. Ab hier
wird es sanfter und lyrischer gesprochen. Die Mitglieder des Chores
verlassen einer nach dem anderen die Bühne.
Vielen Dank für die vier Jahreszeiten,
für die Zahl e und für das Koffein,
und natürlich für die Erdbeeren auf dem Teller,
gemalt von Chardin, sowie für den Schlaf,
für den Schlaf ganz besonders,
und, damit ich es nicht vergesse,
für den Anfang und das Ende
und die paar Minuten dazwischen
inständigen Dank,
meinetwegen für die Wühlmäuse draußen im Garten auch.[137]
Ein Letzter aus dem Chor (nicht F oder W) beginnt direkt anschlies-
send an den Vorredner Ich erzähle hier die Geschichte einer miss-
glückten Berufung. Ich brauchte Gott, man gab ihn mir, ich empfing
ihn, ohne zu begreifen, dass ich ihn suchte. Da er in meinem Herzen
keine Wurzeln schlug, vegetierte er einige Zeit in mir und starb dann.
Spricht man mir heute von dem, so sage ich amüsiert und ohne Bedauern, wie ein alt gewordner Frauenjäger, der eine ehemals schöne Frau
trifft: «Vor 50 Jahren hätte ohne das Missverständnis, ohne jenen Irrtum, ohne den Zufall, der uns auseinanderbrachte, etwas zwischen
uns sein können.» Es war nichts zwischen uns.[138]
Der Letzte des Chores ab.

2. Akt

Später am Abend in derselben Bar oder Kneipe. F und E sitzen immer noch an Tisch 2, die Diskussion hat sich hingezogen. E ist noch beim Bier, F ist auf Cocktails umgestiegen. E blättert desinteressiert in einer stark bebilderten Tageszeitung. T ist gegangen.

Während des gesamten zweiten Aktes ist der gesprochene Text der psychologischen Handlung zwischen den Charakteren untergeordnet – auch dann, wenn er hohe theologische Thesen präsentiert. Er darf, wo nötig, auch so vorgetragen werden, dass nicht alle Passagen verständlich sind.

Szene 1 Olympische Spiele

E «Olympischer Fackellauf geht in die Luft.» Was hat sich die Boulevardpresse denn da wieder einfallen lassen?

F Wieso Boulevard-Presse? Alle haben darüber berichtet. Erstmals in der Geschichte wird das olympische Feuer mit dem Heissluftballon transportiert. Wird morgen Nachmittag live im Fernsehen übertragen.

E Um welche Zeit?

F Sie haben den Artikel in der Hand. Vielleicht steht's da drin.

E blättert in der Zeitung.

F Wird das Ballonfahren jetzt eigentlich auch olympisch?

E An der Zeit wär's. Ich war letzten Sommer zufällig bei der Europameisterschaft der Ballonfahrer in der Bretagne. Das war ein ziemliches Spektakel. Man muss sich das vorstellen: mit Ziellandung im Olympiastadion. *Er schaut von der Zeitung auf.* Die wollen die Fackel sogar einem Bungeespringer mitgeben. Er soll sie von über der Brücke nach unten weitergeben. Gibt's dann übermorgen Mittag live.

F Ja, warum nicht. 1994 wurde ja sogar die grosse Flamme in Lillehammer von einem Skispringer im Flug entzündet. Das war eine Grosstat.

E   Ich kann mich noch gut daran erinnern. Die erste Eröffnungsfeier, die ich komplett angeschaut habe. Wobei es damals ja nicht so ein riesiges Ereignis war wie später.

F   Muhammad Ali 1996, als er die Flamme entzündet hat, als zitterndes altes Idol, das war ergreifend.

E   Oder 2000, die erste Aborigine, ein echter Megastar.

▄▄▄ Exkurs: Mythenbildung

Wie ich feststellen muss, wurde die Olympische Flamme 1994 – anders als hier behauptet – auf traditionelle Weise von Prinz Haakon entzündet. Es zeigt mir aber, wie sich falsche oder halbwahre Erzählungen in meiner Erinnerung festsetzen, nur weil sie schöner, aufregender oder vielleicht auch leichter zu merken sind. So entstehen Mythen: Ein wichtiges, aber gar nicht so spektakuläres Ereignis wird in der Erinnerung und in Erzählungen mit Ungewöhnlichem angereichert und zum Besonderen umgedeutet, zu einem einmalig-aussergewöhnlichen Erlebnis hochstilisiert und vielleicht sogar religiös oder ideologisch überhöht.

——

F   Ich stelle mir das schon erhebend vor: Du weisst, dein Name bleibt bis kurz vor Schluss geheim. Du stehst da, inmitten des rauschend vollen Stadions. Dann folgt der Einzug der Athleten, junge Sportler aus allen Ländern der Erde kommen zu dir, in dein Land, um dieses grosse Fest zu feiern, um die Besten, die Megastars und Überflieger zu küren und ihnen zuzujubeln. Sie ziehen ein in bunten Scharen hinter ihren Flaggen, der Identität ihrer Heimat, und du stehst da und wartest, um sie alle zu einen unter der grossen Friedensflamme, die du entzünden darfst. Dann kommt, nach allen Flaggen der Welt, der griechischen zuerst, deiner zuletzt, noch das olympische Banner, das euch vor vier Jahren übergeben und zu hüten aufgetragen wurde und das in der Zwischenzeit so vielfältiges Licht und grossen Rang in der Stadt besass. Die Bannerträger der olympischen Flagge stehen auch im Mittelpunkt, so wie du gleich, aber es sind immerhin acht, und – ja – die Fahne mit den fünf Ringen drauf ist auch Symbol, aber sie ist eher Symbol der gesamten Bewegung, sie bestätigt den Geist von Olympia über die Jahrzehnte hinweg, während die Flamme doch jedes Mal aufs Neue in ihrer je eigenen Stadion-Riesenfackel die Spiele selbst symbolisiert, sie bedeutet das Hier und Jetzt des Ereignisses, sobald sie brennt, darf gefeiert werden, solange sie brennt, wird die versammelte Jugend der Welt alles geben. *Er hält kurz inne.* Es wäre ein schönes Zeichen, wenn beim Heissluftballon-Wettbewerb alle Teilnehmerballons mit der olympischen Flamme befeuert würden.

E*   Und dann, wenn die Flagge über dem Stadion weht, dann kommst du, dann ist die ganze Welt auf dich gerichtet, als den letzten von tausenden Fackelläufern. Der Vorletzte, der dir das Feuer aus den griechischen Bergen überreichen wird, steht schon parat, und der Drittletzte steht unten im grossen Rund und der Viertletzte, und über die grosse Videoleinwand flackern die Bilder vom Siebt- oder Achtletzten, der draussen vor dem Stadion die Flamme näher bringt und übergibt, von demjenigen, vielleicht ist es ein Kind oder eine Frau im Rollstuhl, die die Flamme ins Stadion hereinbringt, wo alle gespannt warten auf deinen grossen Auftritt, auf den Vorletzten, der die Flamme jetzt übernimmt und sie noch zweihundert Meter über die Tartanbahn tragen muss bis zu dir, damit du endlich – die Spotlights auf dich gehen an, du erscheinst gross auf der Leinwand und auf allen Fernsehschirmen der Welt, ein Raunen geht durch die Menge, die dich erkennt, und die TV-Kommentatoren nennen ehrfurchtsvoll deinen Namen, ja, wie erwartet bist du es, dem diese grosse Ehre zuteil wird, wem sonst, es wurde ja auch schon gemunkelt, von Ali genauso wie von Freeman und jetzt von dir, nicht mehr gemunkelt, alle wissen es jetzt: Du – warum duze ich Sie eigentlich? – du, der du jetzt endlich mitten im Rampenlicht die kleine Fackel in deiner Hand anzünden darfst, angezündet bekommst vom zweitletzten Läufer, übergeben an dich, den Entzünder, nur noch wenige Meter die Treppe hoch, ein paar Stufen rennst du leicht und entflammst dann oben, hoch über allen, im Stadion die grosse, ewige Flamme dieser Spiele, schwach züngelt das Gas zuerst, aber dann brennt sie, brennt lodernd über dem ganzen Stadion und der ganzen Stadt und auf allen Bildschirmen, und die ganze Welt sieht nun das Herz dieser Spiele in deiner Stadt und hält staunend inne und jubelt laut. Das begreife ich, dass Sie das möchten.

F   Sagen Sie Du!

E   Dass Du das möchtest.

M ist inzwischen hereingeschlichen, mit einer Laterne in der Hand. Er stellt die Laterne auf den Tresen, setzt sich und beginnt zu reden.

F   Du etwa nicht?

E   Ich bin kein Sportler. Die olympische Fahne, die olympische Flamme, der olympische Eid, das ist der Höhepunkt des Sportlerlebens.

F   Ja, aber die Flagge und die Flamme sind ja lediglich zwei Zeichen, die die olympische Bewegung im Lauf der Zeit bezeugen und die Wettkämpfe der konkreten Spiele erhellen. Das dritte fehlt noch: das Eröffnungswort!

E   *erhebt sich feierlich, holt Luft*   Ich erkläre die Olympischen Spiele von sowieso zur Feier der soundsovielten Olympiade der Neuzeit für eröffnet. Möge sich die Jugend der Welt in fairen und friedlichen Spielen messen, mögen die Besten und Glücklichsten gewinnen und alle die erwartete Leistung zum Ruhme ihrer Herkunftsländer erbringen, mögen wir gemeinsam feiern im Licht dieser Flamme, deren Schein euch erhellt von heute an und bis zur letzten Entscheidung in diesem Stadion unter den fünf Ringen. *Er setzt sich, zufrieden.* Ja.

F schaut ihn lange an

F   Ja, das wäre was.

E   Jedes Mal aufs Neue ergreifend, so eine Eröffnungsfeier. Warum gibt es das eigentlich lediglich alle vier Jahre?

F   Nimmst Du auch einen Cocktail?

E   Ja, gerne.

F geht an den Tresen.

Szene 2   Offenes Meer

M flüstert die ersten Sätze mehr, als dass er sie spricht. B kommt auf ihn zu, schaut ihn an, hört ihm zu und sucht schliesslich das Gespräch, während parallel noch die Unterhaltung von F und E läuft. Beide Gespräche nutzen dabei die Lücken des jeweils anderen.[139]

M   Nacht! Kommt nicht immerfort die Nacht und mehr Nacht? Wohin bewegen wir uns? Stürzen wir nicht fortwährend? Und rückwärts, seitwärts, vorwärts, nach allen Seiten? Gibt es noch ein Oben und ein Unten? Irren wir nicht wie durch ein unendliches Nichts? Haucht uns nicht der leere Raum an? Ist es nicht kälter geworden?

B   Was ist mit Gott? Wollen Sie es mir sagen?

M   Ich habe es getan, ich habe ihn getötet. Aber wie! Wie konnte ich das Meer austrinken? Wer gab mir den Schwamm, um den ganzen Horizont wegzuwischen? Gott ist tot! Gott bleibt tot! Und ich habe ihn getötet!

B   Sie müssen sehr stark sein, um Gott umbringen zu können.

M   Ich bin der Schwächste von allen. Ich habe ihn umgebracht. Wer tröstet mich jetzt, den Mörder aller Mörder? Das Heiligste und Mächtigste, es ist unter meinem Messer verblutet, ich kann nicht mehr. Ich komme zu früh, ich bin noch nicht an der Zeit. Dies ungeheure Ereignis ist noch unterwegs und wandert.[140] Propheten, Apostel, Heilige haben immer schon auf ihn gewartet und aus diesem Warten die Kraft zum Reden gezogen. Ich habe noch nicht mal die Kraft zum Schweigen.

B   Dann, von mir aus, rede weiter, rufe, schrei zum Steinerweichen, und du wirst den sich'ren Hafen ohne Zwischenfall erreichen.[141]

M   Hafen? Wir haben die Brücke hinter uns – mehr noch, wir haben das Land hinter uns abgebrochen! Nun, Schifflein, sieh' dich vor! Neben dir liegt der Ozean, es ist wahr, er brüllt nicht immer, und mitunter liegt er da wie Seide und Gold und Träumerei der Güte. Aber es kommen Stunden, wo du erkennen wirst, dass er unendlich ist und dass es nichts Furchtbareres gibt als Unendlichkeit. Wehe, wenn das Land-Heimweh dich befällt, als ob dort mehr Freiheit gewesen wäre – und es gibt kein «Land» mehr! Mit welchem Wasser könnte ich mich reinigen? Welche heiligen Spiele werden wir erfinden müssen? Ich bin zum Schwachsein verdammt.[142] Der Tod Gottes zwingt mich zur vollen verdammten Verantwortung in der Diesseitigkeit, in der einen ungeteilten Wirklichkeit, in der wir leben. Es gibt nur noch das Diesseits, die verantwortliche Wirklichkeit im Hier und Jetzt, und das mutlose Verantwortlichsein an der Schwäche dieser ganz und gar oberflächlichen Welt.

B   Und wenn die Welt doch Tiefe hat?

F *ist jetzt an den Tresen getreten, um weitere Getränke zu bestellen, und hat die letzten Sätze mitgehört.*

F   Oh ja, das hat sie! *Zu M* Die Welt, das ist mein Thema – und sie hat genug Tiefe für uns beide, damit wir uns einfach am Leben freuen statt, wie die so genannten Propheten, auf Gott zu warten und zu leiden.

M Er ist tot, verdammt nochmal. Haben Sie das nicht gehört? Ich warte nicht mehr.

F Seien Sie froh, mit einem toten Gott brauchen wir uns ja nicht weiter herumzuschlagen.

M Doch, doch, erfahrbar bleibt er.[143] Erfahrbar bleibt für mich die ungeheure Begegnung und Schuld der Tat. Einen Mord, wissen Sie, vergibt man sich nicht so schnell.

Szene 3 Glaube und Freiheit

F Ich verstehe Sie nicht. Dieses «Gott ist tot» ist das erste Postulat Ihrer Freiheit. Also geniessen Sie das Leben, wild und frei und grenzenlos. Fangen Sie mit einem Cocktail an.

Er reicht dem M eines der eigentlich für sich und E bestimmten Cocktail-Gläser, die B gerade eingeschenkt hat. M leert das Glas in einem Zug.

M Und was, wenn ich nicht grenzenlos leben kann?

F Das Meer liegt offen da. Vielleicht gab es noch nie ein so offenes Meer.[144]

M Ich will kein offenes Meer, dessen Wellen und dessen Gischt mir meine Tat vorwerfen.[145] Nacht. Es ist Nacht. Ich wandere in finsterer Nacht. Fürchterliches Unheil bricht mir Stock und Stab. Keine Laterne bringt Zuversicht.[146]

F Sie sind in Sicherheit. Es gibt keinen Gott.

M Ja, ich habe ihn umgebracht. Ich habe meine Welt aus ihren Angeln gehoben und damit zugeschlagen. Jetzt trudelt sie, erdrückt mich oder schüttelt mich ab. Und keiner, der vergibt, keiner, der mitträgt, der aufzeigt, wie es weitergeht.

F Ich vergebe Ihnen! Noch einen Cocktail?

Er schiebt ihm auch das zweite Cocktail-Glas hin.

M Das ist zu gütig. Ihre Vergebung heisst, mich mit Alkohol zuzudröhnen.

F Ich bin kein Alkoholiker. Ich bin lediglich Genussmensch.

M Ihre Vergebung heisst Konsum. Heisst, mich einzuigeln in meiner kleinen Wirklichkeit und zu verdrängen, was ich gemacht habe. Statt zu versuchen, es besser zu machen.

F   Wofür?

M   Wofür was?

F   Wofür – also für wen und warum – wollen Sie etwas besser machen? Es ist schon alles gut. Es gibt kein Paradies zu verdienen. Es gibt nur das an Paradies, was jetzt ist.

M   Jetzt ist die Tat, die Schuld, die Gewalt.

F   *sagt absichtlich Du zu M*   Es gibt auch nur das an Hölle und Fegefeuer, was jetzt ist. Was Du Dir jetzt vormachst. Du hast ihn getötet. Ich sage: Gut gemacht. Es erwartet Dich keine Strafe und keine Busse. Du darfst machen, was Du willst, also lebe.

M   Das habe ich Ihnen ja gerade klarzumachen versucht. Nicht: Ich darf machen, was ich will – ich muss machen, was ich will. Es gibt keinen Hafen mehr. Nur Fluten und Nacht.[147]

F   Wir drehen uns im Kreis. Wie kann man bloss so stur sein?

F geht kurz ab, um wenig später wieder hereinzukommen.

Szene 4   Der Liturgiebeweis

E sitzt immer noch am Tisch, von wo aus er M anspricht. Dieser kommt mit dem Cocktail-Glas zu E und setzt sich.

E   Und was ersäufen Sie im Alkohol?

M   Gott ist tot.

E   Aber das ist doch ein alter Hut. Das hat Nietzsche doch schon vor 150 Jahren behauptet: Gott ist tot – wir haben ihn umgebracht – «Was sind denn diese Kirchen noch, wenn sie nicht die Grüfte und Grabmäler Gottes sind?»[148]

M   Meinen Sie?

E   Ja klar. Das ist doch schon lange überholt, das braucht Sie heute nicht mehr zu stören. Dieses «wir-haben-ihn-umgebracht»-Gesäusel ist leeres Philosophengeschwätz – Sie erinnern sich an unser Gespräch über Philosophie heute Nachmittag?[149]

M   Und Gott?

E   Ausserdem meint Nietzsche ja die reformatorischen Kirchen. Waren Sie mal in einer? Die sind wirklich leer wie Leichenhäuser. Oft noch nicht mal eine Kerze. Sie sollten dagegen zu uns in eine katholische Kirche kommen. Farbenfrohe Altäre erzählen von Gottes Herrlichkeit und allen seinen Heiligen. Hunderte Kerzen erhellen den Raum. Opulentes Orgelspiel erklingt. Es ist ein erhebendes Gefühl, sage ich Ihnen, so als Bischof im goldbesetzten Messgewand hinter Kreuz und Fahnen, Weihrauchträgern und einer grossen Zahl von Ministranten herzuschreiten durch die andächtig singende Menge, und alles nur zur höheren Ehre unseres Gottes.

M   Und wenn ich Ihnen sage, dass er tot ist?

E   Haben Sie nicht zugehört? Ist diese ganze gottgewirkte Pracht, sind Kreuz und Fahnen, Orgelmusik und das erhebende Gefühl des Priesters nicht Zeichen genug für Gottes Gegenwart? Warum wollen Sie das anzweifeln?

M   Ich habe ihn eigenhändig umgebracht.

Szene 5   Salz der Erde

T kommt in die Bar und geht auf B zu. Die folgende Szene findet also nicht an einem Tisch oder am Tresen statt, sondern im freien Raum.

T   Entschuldigen Sie, kann das sein, dass ich meinen Schirm hier vergessen habe? *Sieht M und E* Um was gehts denn?

B   Um den Tod Gottes.

T   Hm? Wenn Gott endgültig tot ist, ist die Moderne wohl mit sich allein. Sie hat sich endlich im Kloster des Säkularismus eingemauert, und alle Welt-Beziehung ist nur noch ökonomischer oder technischer Natur.[150]

B   So schlimm?

T   Ja. Dass Gott tot ist, bedeutet nicht, dass Gott entbehrlich sei. Zwar ist er als moralische, politische oder naturwissenschaftliche Arbeitshypothese unnötig geworden, trotzdem bleibt er unersetzlich. Der Erklärer des Unerklärlichen ist tot, aber inkognito im leidenden Geschwister ist er präsenter denn je.[151]

B   «Ihr seid das Salz der Erde.»

E   Hat Jesus gesagt. «Wenn aber das Salz fade wird, womit kann man noch salzen?»[152]

F   Salz bleibt aber immer salzig, das ist eine chemische Eigenschaft!

E   Ja, aber wenn es seinen Geschmack verliert, wenn es fade wird, dann ist es aus mit der Wirkung.

F   Das geht eben nicht: Salz ist nicht wie ein Apfel, der seine Süsse verliert, oder wie ein Bier, das das Prickeln verliert. Es bleibt salzig.

E   Es könnte aber. Jesus will uns mit diesem Gleichnis ja davor warnen, dass wir unsere Glaubenswürze verlieren. Er meint «Salz» symbolisch.

T   Vielleicht auch nicht – vielleicht meint er wirklich: «Ihr seid und ihr bleibt salzig». Jesus sei als «ein Zeichen des Widerspruchs»[153] aufgetreten, schreibt Lukas. Das Salz seiner Kritik war so scharf, dass die Kräfte des Bestehenden ihn nicht ertrugen, sondern aus dem Weg räumten.

B   Am Karfreitag meinten sie, das sei erreicht.

M   Ausgesalzen. Oder?

B   «*Ihr* seid das Salz der Erde», hat er zu seinen Jüngern gesagt.

T   «Ihr seid und ihr bleibt salzig!» Nach Ostern merkten die Jünger das, und sie führten die kritische Bewegung ihres Freundes weiter, zuerst in Jerusalem und dann im ganzen Römischen Reich. Vielleicht war es manchmal weniger Salz als bei Jesus – aber Salz bleibt salzig!

E   Du meinst, wir können nicht salzlos werden?

F   Leider nein. Ihr habt dreihundert Jahre gebraucht, dann war das Christentum Staatsreligion. Und jetzt ging ein schlimmes Versalzen los. Wer Glück hatte, hat eine geniessbare Portion aus dem Suppentopf der Christenheit erwischt, aber sehr viele traf es hart.[154] Was hat sich mancher gewünscht, dieses Salz würde etwas fader werden, beim Auslöffeln der Suppe! Es braucht das richtige Mass beim Salzen.

B   Und vielleicht auch das richtige Salz.

T   Vielleicht ist genau das das Dilemma Gottes: Er sagt: Ich habe Euer Leid gesehen, ich schaffe Euch Gerechtigkeit.[155] Aber die Kirchen predigen: Der liebe Gott erhört unsere Bitten, wenn wir brav und geduldig sind. Der gerechte Gott ist nicht dieser «liebe Gott», kann es gar nicht sein. Er handelt von sich aus an uns, bedingungslos. Er ist wie der Ozean, wir sind wie Wellen.[156] Der liebe Gott dagegen ist ein Zerrbild der Priesterschaft, die ihre eigene Vorrangstellung festigen will. Gott will Sinn. Keine Macht.

F   Genau. Entweder Ihr schafft es endlich, mit Eurem Gott für mehr Gerechtigkeit einzustehen. Oder er hat sich endgültig überholt.

T   Nun, der Gottesbereich, den Jesus und die Bibel verkünden, der muss sich ja nicht in der theologischen Reflexion, in der Theorie, erweisen, sondern im praktischen Handeln. Guten Abend. *T nimmt seinen Schirm und geht.*

B *still*   Eine schöne Theorie … *Laut* Guten Abend.

M *geht ihm noch zur Tür nach*   Eine Frage noch: Was ist mit Sünde und Vergebung?

T   Das ist genau das, was ich gerade gesagt habe: Es wird viel zu viel über Sünden geredet, in der Kirche und überhaupt. Jesus spricht fast gar nicht davon, er spricht von Freude, Liebe, Glaube, Fülle, Mahl halten, Nähe, Suchen und Finden. Es gibt vielleicht gar keine Sünde, also machen Sie sich keine Sorgen! Auf bald.

T endgültig ab.

▬ Exkurs: Jesus und die Sünder

Ein Blick ins Lukasevangelium zeigt Erstaunliches – vor allem gemessen an der Bedeutung, die Sünde und Vergebung in der Kirche hatten und haben.[157] An keiner Stelle bezeichnet Jesus von sich aus einen Menschen als Sünder oder sündig. Dort wo er von Sünder oder Sünde spricht (z. B. bei der Berufung des Zöllners Levi[158] oder bei der Salbung durch eine stadtbekannte Sünderin[159]), übernimmt er die Fremdbezeichnung anderer Menschen und entlarvt deren abwertendes und ausgrenzendes Verhalten selbst als Sünde, die durch Vergebung und Wiederherstellung der Gemeinschaft geheilt wird.[160] Die wesentlichen Sünden, auf die Jesus damit hinweist, sind dieselben, auf die bereits die Propheten des alten Bundes zeigen: Ausgrenzung, Unterdrückung und Entrechtung von Armen, Kranken und anderen am Rande Stehenden durch die einflussreichen Kreise, und zwar sowohl in gesellschaftlicher und wirtschaftlicher als auch in kultisch-religiöser Hinsicht – strukturelle Schuldverstrickungen der Einzelnen und Strukturen der Sünde, die die gesamte Gesellschaft vergiften.[161] Vergebung geschieht, wenn Menschen sich Jesus und seiner Praxis zuwenden, niemanden ausgrenzen, suchen und gefunden werden, teilen und austeilen, sich beschenken lassen und gemeinsam feiern, kurz: wenn wir alle aktiv am Reich Gottes teilhaben können. Folglich wird auch in unseren Kirchen nicht zu viel über Sünde und Vergebung gesprochen, sondern eher zu wenig, aber falsch: Der Fokus sollte weg von den Tatsünden, hin zu verhärteten Strukturen, Egoismen und Ängsten, die uns an Freude und Liebe hindern, und zum Leid unserer Mitmenschen.[162]

Daneben gibt es im Lukasevangelium vier Stellen, an denen sich Menschen selbst als sündig bezeichnen: Petrus bei seiner Berufung zum Jünger angesichts der Fülle des Gottesreiches,[163] in Gleichnissen der Zöllner im Tempel[164] und der zurückkehrende Sohn, den der Vater sofort freudig in den Arm nimmt,[165] sowie der Schächer am Kreuz,[166] dem Jesus den direkten Weg ins Paradies zuspricht. Dass wir Menschen unsere Unvollkommenheit und unsere (auch strukturellen) Schuldverstrickungen erkennen und gemeinsam mit allen anderen im Reich Gottes leben wollen, ist für Jesus Bekenntnis und Umkehr genug, um uns dort willkommen zu heissen.

Dieses Verhältnis von Jesus und Sünde/Sünder lässt sich ebenso im Markus- und Matthäusevangelium finden,[167] das Johannesevangelium tendiert teils in andere Richtungen.

Szene 6   Gerechtigkeit

F *als er zu E an den Tisch zurückgeht, mehr für sich*   Ihr wünscht Euch zwar einen gerechten Gott, aber die Idee eines ungerechten Gottes gibt eine viel genauere Aussage über die Welt, wie sie ist.[168]

E Das spiegelt sich aber auch in vielen Biblischen Geschichten wieder, zum Beispiel bei Jona, der vor Gott flieht, ins Meer geworfen wird und von einem Fisch an Land gebracht.[169] Viele dieser Geschichten handeln doch genau davon: dass Gottes Gerechtigkeit nicht unsere Gerechtigkeit ist – aber auch nicht unsere Ungerechtigkeit. Dabei sind es ja keine Tatsachenberichte, sondern Erzählungen von Glaubenserfahrung.

F Erfundene Geschichten?

E Entweder ist die Sprache des Glaubens eine poetische – oder der Glaube wird sprachlos. Wir müssten also wieder viel mehr dichten und viel weniger erklären.[170]

Szene 7   Opium

Am Tresen.

M Warum sind Sie so milde mit den Christen?

B Weil die das Himmelreich im Himmel lassen. Mir ist egal, mit welcher Krücke jemand läuft, solange er zu den Menschen hält. Am Ende kommt es doch nur darauf an, ob der Glaube einem hilft, menschlich zu sein. Wenn ich unseren Herrn Bischof sehe, denke ich: Hoffentlich glaubt er wenigstens an Gott.[171]

M Aber die glauben doch ohnehin bloss an die Religion und das tolle Zeremoniell. Da mag einst eine Idee von einem guten Gott gewesen sein, aber daraus wurde die Tyrannei eines neidischen Gottes und seiner Priester, deren einziges Ziel darin zu bestehen scheint, den Gläubigen, die ihr bisschen Leben nur ein bisschen geniessen wollen, ein schlechtes Gewissen zu machen.

B Die Religion ersetzt den Glauben an Gott.

M Und für diese dogmatisch fundierte Kirche ist Gott nun ein gefundenes Fressen, um sich nicht ändern zu müssen in einer Welt, die sich durch wissenschaftliche Erkenntnisse und das Leid der Menschen ständig ändert. Aber dieser «Gott des gefundenen Fressens» ist schon lange tot. Damit habe ich nichts zu tun. Immerhin machen dieser Gott und diese Art von Religiosität taub und schläfrig. Religiosität ist wie Opium.[172] Man berauscht sich an der eigenen Deutung und Bedeutung der Religion und macht es sich damit unmöglich, Gott zu suchen. Deshalb wird auch kaum jemand merken, dass er tot ist.

B Dann haben die Religionen Ihnen ja geholfen, ihn umzubringen.

M Komische Mittäterschaft, vielleicht.

B Immerhin helfen sie, Ihre Tat zu vertuschen.

M Und was hilft mir das? Das macht die Tat nur noch schlimmer – und die Religionen noch gefährlicher. Durch mich und ohne Gott geraten sie erst recht in die Defensive und werden mit fundamentalistischem Gezeter um ihren Machterhalt kämpfen.

B Wenn sie's denn bemerken. Benebelt vom eigenen Opium machen sie Gott zu ihrem Lieblingsspielzeug, zur grossen alten Puppe ...

M ... mit dem Rauschebart und dem Märchenbuch mit der ewigen Wahrheit.

B Und wenn sie nicht gestorben sind, dann leben sie noch heute.

M So besehen ist es fast Voodoo, was ich gemacht habe.

Szene 8 Negatives in Gott

E *kommt zu M an den Tresen*   Also ist er tot, sagen Sie?
M Ja.
E Und was sagt uns das?

M *lethargisch* Ich habe ihn umgebracht, ich bin sein Mörder. Er ist tot. Hören Sie nicht zu?

E Es sagt uns, dass das, was Sie erlebt haben – das Menschliche, Endliche, das Gebrechliche, das Schwache, das Negative – nicht ausserhalb von Gott liegt, dass es göttliches Moment selbst ist.

M War.

E Die Negation allen Lebens, das Negative an sich, liegt nicht ausserhalb von Gott – Gott ist also nicht nur die Negation des Negativen, auch das Negative selbst ist ihm nicht fremd und in ihm. Denn der Tot ist ja die abolute Negation des irdischen Daseins, das Maximum des Negativen. Aber wenn der Tod für Gott erfahrbar und Teil Gottes ist, dann kommen sich das göttliche und das Menschliche sehr nahe.[173]

M Dann sind beide tot. Lassen Sie mich mit Ihrer Philosophie in Ruhe.

E geht wieder an einen Tisch zurück.

Szene 9 Vergebung

M *zu B* Können Sie mir noch einen Wodka geben, bitte? Pur. Ich will übers Wasser gehen, von dem Schiff draussen auf dem unendlichen Ozean, bis hierher nach Hause. Ich will die Münze auf dem Rand liegen sehen. Ich will die Laterne brennen lassen, die ganze endlose Nacht.

B *nimmt den Wodka und zwei Gläser, geht um den Tresen herum zu M* Komm, ich setz mich jetzt mal zu Dir.

M Ja, sag Du zu mir.

B Warst Du schon einmal auf dem Meer?

M Auf Kreuzfahrt? Oder zu Fuss? Was meinst Du?

B Nein, nein. Ich meine, mit einem kleinen Boot.

M Nein. Und Du?

B Ich schon. Mit einem Fischkutter. Beim schlimmsten Sturm.

M Du bist Fischer?

B Ich hab schon alles Mögliche gemacht. Einmal war ich sogar als Gärtner unterwegs. Aber nur kurz.

M Und jetzt?

B Jetzt bin ich eben Kneipier und bediene die Gäste.

M Und diskutierst mit ihnen.

B Ihr gebt die Themen vor. Dich hat's ja bös erwischt.

M   Ich hätte ihn nicht umbringen sollen.

B   Nein. Wahrscheinlich nicht.

M   Er wird mich umbringen.

B   Nein. Sicher nicht.

M   Aber er wird mir auch nicht vergeben.

B   Du sagst, er ist tot.

M   Eigenhändig.

B   Dann kann er Dir auch nicht vergeben. Du musst mit dem leben, was Du getan hast. Vielleicht kannst Du Dir selbst vergeben?

M   Nein. Ich glaube nicht.

B   Ich glaube schon. Mit der Zeit werde ich Dir vergeben, und dann werden andere Dir vergeben, und irgendwann wird es für Dich auch o.k. sein.

M   Der Stein ist zu gross.

B   Es weiss ja auch keiner, dass Du es warst.

M *zeigt auf E und F*   Er weiss es und er und Du.

B   Das ist gut. Du bist nicht o.k. Aber das ist o.k.

M   Glaubst Du?

B   Ich glaube das, ja. Und Du kannst es auch glauben.

M   Sicher?

B   Unter uns gesagt, das ist meine eigene kleine Religion.

M   Religion? Aber: Religion ist Opium fürs Volk.[174]

B   Sagen wir «Opium des Volkes»[175].

M   Meinetwegen. Die Menschen berauschen sich an der Religion und lassen sich von ihr betäuben. Gilt das für Deine Religion auch?

B   Und was ist, bitteschön, so schlecht daran? Ein bisschen Rausch, ein bisschen Betäubung kann doch auch sein Gutes haben. Solange jeder weiss, was er macht, und sich selbst betäubt. Übrigens sind Endorphine das selbst produzierte Opium des Körpers! Ausserdem kommt es immer auf die Droge an. Taubheit gegen Fanatismus und Egoismus, das könnte zum Beispiel die Religion liefern. Und – natürlich auch bei diesem Beispiel – die Dosis macht das Gift.

M   Nicht die Gesunden brauchen den Arzt, sondern die Kranken.[176]

B   Meine Rede. Und da die meisten Menschen ein bisschen krank sind, brauchen die meisten ein bisschen Religion.

M   Ursünde?

B   Nenn es, wie Du willst. Ursünde, Unfreiheit, falsche Einflüsse, Blindheit des Herzens, Neid, Angst.

M Und dagegen soll das Opium Religion helfen?

B Es kann ja durchaus bewusstseinserweiternd wirken. Wenn ich durch den Finger Gottes die Dämonen austreibe – und sei es mit bewusstseinserweiterndem Rausch –, dann ist das Reich Gottes doch schon zu Euch gekommen.[177] *Er schenkt ein Glas Leitungswasser ein* Hier, trink.

M Opium?

B Ja. Reines Leitungswasser.

M trinkt.

B Sünde hin oder her: Ein Weiterleben ist möglich – und es ist sinnvoll! Trauern ist auch gut, frustriert sein muss sein, aber grundsätzlich wirst Du wieder auf die Beine kommen und nicht daran verzweifeln. Du musst das Meer nicht austrinken – willst Du noch ein Glas? –, und Du wirst Möglichkeiten zum Navigieren finden, ja, Du wirst Menschen finden, die mit Dir zusammen navigieren wollen auf den vielleicht gottlosen, aber überaus menschlichen Strassen und in den Kneipen dieser Welt.

M Meinst Du, hier bei Dir?

B Genau. Sei doch der neue Stammgast. Deine Laterne und Du!

M Danke.

B Weiterleben ist zumutbar! In der heutigen Zeit gilt als bitteres Leitmotiv ein Entweder-Oder: Entweder man fällt hin, oder man geht aufrecht, entweder man lässt sich gehen, oder man reisst sich gefälligst zusammen. Klag ruhig. Klage ein. Klage Dein Recht aufs Sowohl-als-auch ein, aufs aufrechte Stolpern und würdevolle Scheitern.[178]

B lässt M ungern am Tresen allein, aber E sitzt an Tisch 1 und winkt nach Bedienung. Er macht sich auf den Weg.

M Du, was sagst Du eigentlich zu Gott?

B *leise*   Abba, Vater.[179]

Szene 10 Gott ist Liebe: die Wahrheit

E Entschuldigung, ich habe nur die Frage gehört. Was sagen Sie zu Gott?

B Ich bin kein Theologe. *Beiläufig* Ich kann das Absolute nicht beschreiben. Trotzdem bemühe ich mich, einen Ausdruck dafür zu finden. Ich bemühe mich um neue Bilder und Symbole – und auch darum, dass alte, gute, nicht ganz vergessen gehen.[180] Aber da bleibt trotzdem eine Unzulänglichkeit.[181]

E Das ist es doch: Immer neue Bildern für die ferne Nähe Gottes. Diese Paradoxie von Ferne und Nähe, die Sehnsucht nach Gott ist, radikal gesagt, die Sucht, seine Abwesenheit zu überwinden.

B Also ist Gott auch manchmal abwesend?

E Abwesenheit Gottes ist auch nur symbolisch. Wie jede Rede von Gott symbolisch ist.

B So wie der Gang übers Wasser nur symbolisch ist?

E Nein, der ist nicht *nur* symbolisch. Er ist *sogar* symbolisch! Die Wundererzählungen sind sogar symbolisch, denn sie weisen auf eine grössere, für uns konkret erfahrbare Wirklichkeit hin, selbst wenn wir den damaligen Sinn als den einer mythologischen Geschichte entlarven können, die Gottes Grösse verkünden und nicht etwas über die physikalischen Geschehnisse berichten will. Der personalistische Gott, das Schöpfer- und Jenseits-Du, das paradoxe Gegenüber im Gespräch ist aber nur symbolisch, denn es liegt ihm keine von irgendwem erfahrene Wirklichkeit zugrunde.

B In Ihren Predigten erzählen Sie das aber anders.

E Leider gibt es heute in unserer Kirche zweierlei Theologien: eine für die Eingeweihten und eine für die Dummen. Die für die Eingeweihten wird an den Universitäten doziert, die für die Dummen wird auf den Kanzeln gepredigt.[182]

B Dann also nochmal: Was ist Gott?

E Nun, das hängt davon ab, was Sie bereit sind zu denken. Wir haben alle ein logisch-rationales Denkmodell, in dem wir nach Begründungen und einem funktionalen Zweck suchen. Das brauchen wir auch, denn nur auf ein begründetes Ziel, auf eine Machbarkeit können wir hinarbeiten – auch und gerade in der Dienstleistungs- und Produktionsgesellschaft. In diesem Denkmodell kann Gott nur eine Erstbegründung sein, als die er aber nicht funktioniert – oder er wird zum Opiat, um eine fehlende Erstbegründung wegzuretuschieren.

B Und dieser Gott trägt nicht mehr.

E Ja, aber das ganze rationale Denkmodell, so sehr es notwendig ist, trägt nicht als alleiniges Denkmodell. Wir spüren ja: Irgendetwas verweigert uns die Sinnerfüllung, wenn wir alles als Objekt sehen.

Irgendwas hindert uns daran, das Unmenschliche zu akzeptieren, selbst wenn es nötig ist um ein bestimmtes wichtiges Ziel zu erreichen. Irgendwas verweist auf eine andere Dimension unserer menschlichen Existenz: das Beziehungssein. Worte und Erlebnisse wie Freundschaft, Vertrauen, Liebe und so weiter weisen auf eine Dimension der Begegnung, in der es keine Über- und Unterordnung mehr gibt. In dieser Dimension dürfen wir da sein, ohne dass wir für alles eine nachvollziehbare Begründung brauchen und ohne dass es für unser Tun überhaupt eine solche Begründung gibt. Zwei Menschen begegnen sich dann nicht mehr als Gegenüber, die mit Schwertern, Fäusten oder Argumenten eine Entscheidung herbeiführen und ein Ziel erreichen wollen, sondern wenn sie sich begegnen, umarmen sie sich und stellen damit fest, dass sie gemeinsam gut leben und niemanden ausschliessen wollen, und aus dieser gemeinsam erfahrbaren Sinnstiftung handeln sie dann. Das Entgegen-Stehen wird transzendiert auf ein Bei-Stehen, und dieses «Transzendieren» ist Gottes Funktion: Wenn ich Gott sage, dann erkläre ich letztlich nichts, im Gegenteil, ich weise darauf hin, dass das Menschsein im technischen Machtbereich der logischen Begründungen reduziert und sinnlos ist. Damit kann Gott selbst nur ein Relationsbegriff sein, der Verweis auf den Sinn des Menschseins als Beziehungssein. Gott weist auf diese zwischenmenschliche Sinnstiftung hin, die wir erfahren, wenn wir uns in den Arm nehmen, in den Arm nehmen lassen oder in den Arm genommen fühlen. Der Gebrauch des Wortes Gott ist dann der Einspruch dagegen, dass wir im anderen nur eine Aufgabe, einen Zweck, einen objektiven oder finanziellen Nutzen für uns selbst sehen. Gott ist der Index möglicher Menschlichkeit. – Hören Sie mir überhaupt zu? – Jeder einzelne Mensch muss diese Erfahrung selbst machen und deuten. Wir können es aber immer erfahren, wenn wir zu einem Mitmenschen ganz konkret ja sagen und er zu uns ja sagt, gerade in den kleinen Alltagsbegegnungen. In menschlicher Zuneigung und Sensibilität geschieht Gott als liebende Bejahung und geliebtes Bejahtsein. Aber weiter: Diesem Ja stehen Hass, Gleichgültigkeit, Verachtung und andere menschliche Verhaltensweisen gegenüber. Wer die Bejahung jedoch lebt, wer sich auf den anderen einlässt und damit gute Erfahrungen gemacht hat, der wird sie dem Hass vorziehen, und zwar dauerhaft. Als *gelebte* Bejahung ist sie plötzlich auch ganz rational keine Alternative mehr zu einer Nicht-bejahrung, also zu einer Degradierung des Mit-Menschen zum Gegenüber und des sinnvollen Erlebens zum bloss nützlichen Zweck. Wir haben die Freiheit, ja zu sagen. Wir haben die Freiheit, das Reich Gottes so wahrzunehmen, wie es ist: «da»[183]. Ja, wir haben die Freiheit, gegen jede Logik aus Macht, Norm und Vernunft über das Wasser zu gehen. Wenn die Bejahung so gelebt wird und dem menschlichen Leben Sinn gibt, verdient sie das Prädikat: Gott. Dann leben wir wirklich in Gottes Bereich. Dann kann man sinnvoll sagen: Es ist Gott, wenn einer dem anderen hilft. Es geht dabei um die gelebte Wirklichkeit, nicht um das Wort Gott. Gott ist also prädikativ, er ist nicht einer, der da ist, sondern etwas, das passiert – das sich mit uns, zwischen uns und an uns ereignet. Er ist nicht, er geschieht: «Dein Reich breche an, / weil wir Deinen Willen tun»[184]. Wir, die glaubenden, weil bejahenden Menschen sind aufgefordert, an der Veränderung der Welt mitzuwirken, damit Gott in ihr sichtbar wird und jeder Mensch eine Erfahrung machen kann, die ihm die Möglichkeit gibt, von Gott zu sprechen. Jeder kann das göttliche Bejahtsein erfahren, wenn er sich beschenken lässt, sucht, findet, selbst schenkt usw. Als Prädikat gibt Gott aber auch an, dass es nicht allein an uns liegt, Bejahung zu verwirklichen, sondern dass es auch Geschenk ist.[185]

B *reisst sich endlich aus dem Redeschwall los und geht zu M an den Tresen zurück* Wusstest Du übrigens, dass für die Ägypter Wahrheit und Honig dasselbe waren? An bestimmten Festen riefen sie «Süss ist die Wahrheit» und assen Honig.[186]

M Das ist doch Quatsch, oder?

B *holt ein Honigglas und einen Löffel hinter dem Tresen hervor, taucht den Löffel ein und gibt ihn M* Es ist Honig. Mehr Wahrheit habe ich grade nicht. Greif zu!

Szene 11 Ein Spiel

E *zu M* Wie haben Sie das eigentlich gemacht: Gott umbringen?

M Bitte nicht. *Er will fluchtartig weg.*

B Ist doch vollkommen egal. Sie sehen ja, dass er noch nicht mal die Frage erträgt. Komm, bleib hier bei mir. Wir finden schon was für Dich …

F   Ach komm, Bischof, es ist doch klar, dass er Gott nicht wirklich umgebracht hat, denn Gott gibt es gar nicht. Das kann man erkennen, begreifen, weiterentwickeln. Oder man stellt es einfach fest, als Tatsache, und kümmert sich dann wieder um das Wesentliche – das, was uns jetzt konkret und unbedingt angeht.[187] Wenn er sagt «Ich habe Gott umgebracht», dann ist das eine Sprache des Spiels – wie wenn ich im Schach den König Matt setze und damit umbringe. *Zu M* Passt Ihnen der Vergleich?

M *schweigt.*

F   Sehen Sie es besser so wie ich, dann lässt sich's leichter leben. Es ist ein Spiel ohne Sinn, mit dem einzigen Zweck, dass dieser Gott auf der Strecke bleibt. Ein lustiges Spiel, letztlich.

M   Nein, es ist kein Spiel. Ich habe ihn umgebracht. Ich bin der Mörder. Niemand wird mir vergeben. Niemand kann mir noch helfen. Es ist kein Spiel. Versteht Ihr überhaupt, wovon ich rede?

E   Nein, nein, es ist kein Spiel. Ein Spiel ist immer sinnvoll und zweckfrei. Ist Liturgie.[188] Aber das hier ist nicht sinnvoll, es ist für ihn *deutet auf M* überhaupt nicht sinnvoll und verfolgt wohl nur den Zweck, dass Sie *spricht M jetzt direkt an* sich selbst zerfleischen.

B   Es könnte aber auch Spiel sein. Du brauchst Dich keinem Zweck zu unterwerfen, Du darfst einfach da sein; komm einfach, solange Du willst, hierher. Bis Dein Zweck weg ist, bis ein neuer Sinn da ist, ich werde da sein. Ich verstehe Deinen Schmerz nicht, Deine Wahrheit. Aber ich will auch nicht nach einer letztgültigen Erklärung suchen, sondern den Tatsachen ins Auge sehen. Und spielen, zweckfrei mit Dir spielen. Kennt einer der Anwesenden vielleicht ein sinnvolles Spiel?

E   Nicht direkt.

F   Vielleicht. *Pause.* Es ist aber wieder ein abstraktes Spiel.

B   Von mir aus. Wenn es niemanden umbringt.

F   Ich denke nicht. Also: Angenommen, es hätte jeder von uns eine Schachtel, darin wäre etwas, das wir Käfer nennen. Jeder kann lediglich in seine eigene Schachtel schauen, niemals in die Schachtel der anderen. Und jeder sagt nun, er wisse lediglich vom Anblick seines Käfers, was ein Käfer ist.

M   Ich weiss es!

E   Es könnte aber ja sein, dass jeder von uns ein anders Ding in seiner Schachtel hat …

B   Es ist ja bloss ein Spiel.

F   Aber wenn es nun doch einen sinnvollen Gebrauch für das Wort Käfer gibt?

E   Dann wird es wohl nicht gebraucht, um das Ding in der Schachtel zu bezeichnen.

F   Das Ding in der Schachtel gehört überhaupt nicht zum Spiel, auch nicht als ein *Etwas:* Denn die Schachtel könnte sogar leer sein – Nein, durch dieses Ding in der Schachtel kann «gekürzt werden», es hebt sich weg, was immer es ist. Aber was wir als Urphänomen der spielerischen, mitdenkenden Menschheit ansehen dürfen: Dieses Spiel wird gespielt.[189]

Nach einer sehr kurzen Pause treten die Chöre auf und beginnen nahtlos mit ihren Aussagen.

Schlusschor

Der Schlusschor tritt auf. Er besteht aus einer Fusion der Chöre der Bischöfe und Atheisten (darunter auch F, E, T und W). Die Anmerkungen zum Chor der Bischöfe gelten entsprechend.

Und der, der es gesehen hat, hat es bezeugt, und sein Zeugnis ist wahr. Und er weiss, dass er Wahres berichtet, damit auch ihr glaubt.[190]

Die Grösse des Glaubens ist kenntlich an der Grösse des Unglaubens. Verstehst Du? Es gibt keine Sekunde Glauben ohne Unglauben.[191]

Die Welt ist gross genug, dass wir alle darin unrecht haben können![192]

«Das Leben hat keine Tiefe.» Nur wenn ihr das in voller Ernsthaftigkeit sagen könnt, wärt ihr Atheisten, sonst seid ihr es nicht. Wer um die Tiefe weiss, der weiss auch um Gott.[193]

Gott geschieht. Seine Macht ist nicht Herrschaft über, sondern seine Macht kommt aus der Beziehung zum Leben.[194]

Ich glaube nicht an Gott, aber ich vermisse ihn.[195]

Gott sei Dank gibt es nicht, was sechzig bis achtzig Prozent der Zeitgenossen sich unter Gott vorstellen.[196]

Aber ich bekenne: Nichts ist selbstverständlich. Auch und gerade Gott ist nicht selbstverständlich. Daran erinnern uns die Atheisten.[197]

Menschen im Namen Gottes das Leben zu entziehen, ist doppelt böse, denn Gott ist der Gott des Lebens.[198]

Deinen Tod, o Herr, verkünden wir, und deine Auferstehung preisen wir, bis du kommst in Herrlichkeit.[199] Aufstehen aus Ungerechtigkeit und Tod ist der Kern des Christseins.

Was mir also wirklich heilig ist? Das, was das Herz wirklich bewegt, was mich antreibt, mutig sein lässt und voller Leidenschaft.[200]

Ich sehe die Kirche als blühenden Garten. Das symbolisiert Verschiedenheit, aber auch das Wachsen auf demselben Grund und Boden. Die Kirche ist ein Garten, der immer wieder aufblüht, aber auch immer loslassen und sterben lassen muss.[201]

Niemand muss religiös sein oder Religion für eine gute Sache halten. Aber dass mit dem, was Menschen heilig ist, schonend umgegangen wird, das ist ein gemeinsames Interesse aller. Denn jeder hat eine Zone innerster Überzeugungen, einen Gewissensbereich, für den er auf Schutz und Achtung angewiesen ist. Hoffentlich.[202]

Manchmal ist es schön. Für Sekunden begreift man, dass gesagt wird, das sei von Gott geschaffen. Der Gottesnotwendigkeitsbeweis; entsteht Gott also aus unanbringbarer Verehrung? Mir kommt es vor, die Aussage, es gäbe Gott nicht, sei als Text weniger wert als die Aussage, dass es Gott gebe. Wer sagt, es gebe Gott, drückt ein Bedürfnis aus, antwortet auf eine Not. Durch die Antwort schafft er sich Gott. Die Aussage, es gebe Gott nicht, ist ein geringerer Text, weil sie weniger notwendig ist. Jemand hat eine Not weniger als ein anderer, deshalb hat er eine Antwort weniger als der. Eine Sprache weniger. Weniger Sprache. Eine Verneinung ist immer ein geringerer Text.[203]

Einer der Bischöfe Eine ruhige Nacht und ein gutes Ende gewähre uns und allen abwesenden Brüdern und Schwestern der allmächtige Herr.[204]

Ein Teil des Chores bekreuzigt sich. Der ganze Chor tritt in den Hintergrund und steht dort still.

Epilog

S tritt wieder auf und stellt sich in die Mitte der Bühne.

Im Anfang schuf Gott den Himmel und die Erde. Die Erde aber war Irrsal und Wirrsal. Finsternis über Urwirbels Antlitz. Braus Gottes schwingend über dem Antlitz der Wasser. Gott sah, dass es gut ist. Gott sah alles, was er gemacht hatte, und da, es war sehr gut.[205]

Der Chor geht sehr rasch ab. S hält noch inne, dann ebenfalls ab.

Anhang

Theologische Deutungsmuster des Stücks

Reden von Gott

Von Gott reden heisst, in Bildern reden, ohne sich ein Bild von Gott zu machen – heisst letztlich: Geschichten von Menschen zu erzählen.

Diese Erkenntnis, die mir beim Schreiben des Stücks einmal mehr aufgegangen ist, ist für mich eine Kernthese der Theologie: dass jedes Sprechen von Gott symbolisch ist; dass alle Religionen auf ihre eigene Weise Gott in Analogien beschreiben.[206] Gerade für den jüdisch-christlichen Gott ist das von Anfang an grundlegend: Du brauchst dir kein Bild zu machen von Gott[207] (denn entscheidend ist, dass du ihn erfährst). Ja genauer noch: Es geht nicht darum, Gott zu erkennen und zu erfassen, sondern darum, in seinem Bereich – im Reich Gottes oder als Volk Gottes – leben zu wollen. So besteht die Bibel im Wesentlichen aus Erzählungen, Hymnen und Sprüchen und nur an den seltensten Stellen aus analytischen Abhandlungen. Und auch viele philosophisch-theologische Vor- und Mitdenker aller Zeiten haben ihr Nachdenken über das Göttliche in Prosa, Lyrik oder Drama gefasst, und nicht in wissenschaftliche Traktate. Unter anderem deshalb habe ich mich für eine literarische Form entschieden, auch wenn ich zum Teil philosophische Begriffsapparate verwende und zitiere – und der entstandene dialogische Disput vielleicht nicht in allen Teilen zum aufführbaren Theaterstück prädestiniert ist.

Atheisten und A-Theisten

Für mein Stück fasse ich den Begriff Atheist bewusst sehr weit: Atheist ist für mich jeder, der sich selbst so bezeichnet – seien es Menschen wie F, die nicht an eine (wie auch immer geartete) göttliche Wirklichkeitsdimension glauben, seien es eigentlich Agnostiker (nicht wissende), seien es Menschen, die schlicht keine Position zum Thema Gott entwickelt haben, oder seien es sogar Theologen, die sich selbst als A-Theisten bezeichnen.[208] Dieser theologische A-Theismus entstand im 20. Jahrhundert in Abgrenzung zu einem als Theismus bezeichneten liberalen Gottesbild. Kernthesen des Theismus[209] waren ein durch Gottesbeweise sicher erkannter (bewiesener) Gott, Institutionen und Gottesbilder, die zur Stabilisierung bestehender Machtstrukturen beitrugen sowie ein personalistisches Gottesbild mit einem Schöpfer- und Jenseitsgott als Gegenüber zum Menschen. Demgegenüber schliessen theologische A-Theisten eine göttliche Wirklichkeitsdimension nicht aus, halten diese aber für weder bewiesen noch beweisbar. Ihre theologischen Positionen werden im Stück normalerweise von T vertreten, prägnante Aussagen finden aber auch in den Chor der Atheisten Eingang.

Zwei Grundparadigmen

Dorothee Sölle[210] gliedert ihre theologischen Grundentwürfe in orthodox, liberal und radikal. Orthodox bedeutet rechtgläubig oder «recht glaubend»[211]; ein orthodox Gläubiger glaubt, indem er bestimmte als richtig vorgegebene Glaubenssätze (Dogmen) unbedingt (und damit unhinterfragt) für wahr hält und alle anderen Möglichkeiten ablehnt. Liberale – «freie» – Gläubige nehmen sich selbstverständlich die Freiheit heraus, vorgegebene Glaubenssätze zu hinterfragen und weiterzuentwickeln, und sie sind tolerant gegenüber Andersgläubigen. Dennoch erkennt Sölle im liberalen Paradigma nur eine aufgeklärte Variante des orthodoxen und ordnet es diesem unter. Orthodox ist also das Fürwahrhalten von Glaubenssätzen, egal wie reflektiert diese sind. Im radikalen Paradigma steht die Praxis des Gottesreiches im Zentrum, die die festgefahrenen Machtstrukturen kritisiert und die Gesellschaft radikal, also grundlegend, transformieren will. Die Glaubensform des radikalen Paradigmas wird als orthopraktisch – richtig (im Sinne von angemessen) handelnd – bezeichnet.

Dieser Unterschied zwischen Orthodoxie und Orthopraxie steht im spielerischen Zentrum meines zweiten Aktes. Angesichts der seelischen Not von M reagiert einzig B orthopraktisch mit Zuspruch und Mitleiden. T verlässt den Raum schnell wieder (und ausdrücklich mit Verweis auf das orthopraktische Handeln Jesu), E führt seine moderne Gotteseinsicht genau in dem Moment aus, in dem B eigentlich dem M Zuspruch geben will. E und T sind für mich somit beide Vertreter des liberalen Paradigmas. E ist konservativer, aber doch nicht fundamentalistisch-orthodox (die Auseinandersetzungen zwischen einem orthodoxen Bischof und unserem F wären sicher weniger konstruktiv). Mit

T kommt ein theologisch gebildeter Europäer zur Sprache, wie ich viele kenne: Wir wissen zwar bestens über die Reich-Gott-Theologie Jesu Bescheid und halten sie uneingeschränkt für richtig und notwendig, aber im täglichen Leben und in der konkreten Situation fehlt uns dann doch die Sensibilität, die Kraft, die Entschiedenheit – kurz: der Glaube –, und wir ziehen uns gerne auf unsere angenehm sichere liberale Position zurück.

Die paradigmatische Einteilung in orthodox, liberal und radikal ist natürlich nicht auf christliche Theologie beschränkt, sondern lässt sich auf jede Denkrichtung anwenden. So gibt es auch fundamentalistische, tolerant-liberale und radikal-praktische Atheisten. Auch F hat Züge ins Orthopraktische: Er tut etwas, hängt Plakate auf, geht auf Menschen zu und ruft sie dazu auf, das Leben zu geniessen. Dieser Missionierungsversuch[212] ist nicht fundamentalistisch, sondern orthopraktisch, da er nicht auf ein Bekenntnis zum Atheismus, sondern auf die Not (das Nicht-Geniessen) der Menschen zielt.

Fundamentaltheologische Kernthemen

Fundamentaltheologie hat nichts mit Fundamentalismus zu tun. Während der religiöse Fundamentalismus als Extremform des orthodoxen Paradigmas ein vorgefertigtes, vielleicht sogar morsches Fundament aus Glaubenswahrheiten mit allen Mitteln durchsetzen will, geht es der Fundamentaltheologie darum, ein tragbares Fundament für den Glauben und das gesamte theologische Lehrgebäude aufzubauen, dieses zu überprüfen, zu vertiefen und, wenn nötig, auszubessern. Dabei geht es nicht um eine (Letzt-)Begründung für Theologie oder Gott, sondern um einen festen Grund, auf den andere Erkenntnisse sowie die Glaubens- und Lebenspraxis so gebaut werden können, dass sie den Anfragen heutiger Menschen standhalten, gemäss dem Wort des Ersten Petrusbriefs: «Seid stets bereit, jedem Rede und Antwort zu stehen, der nach der Hoffnung fragt, die euch erfüllt.»[213]

Das Aufgabengebiet der Fundamentaltheologie bestand lange Zeit in einer dreistufigen Beweisführung, die a) die Notwendigkeit (an Gott) zu glauben, b) die Richtigkeit der Christlichen Offenbarung und Lehre und c) die Einzigartigkeit der katholischen Kirche umfasste.[214] Auch heute noch sind die Fragen nach Gott und Religiosität, nach der Botschaft Jesu als Christus sowie nach dem Verhältnis der katholischen Kirche zu anderen Konfessionen und Religionen zentrale Themen der Fundamentaltheologie. Zu diesen drei klassischen apologetischen Traktaten nimmt auch mein Stück Stellung.

Religionen und das Göttliche

Dem ersten Traktat (a) habe ich mich besonders angenommen, indem ich, den Ausführungen Gotthold Hasenhüttls folgend, verschiedene historische Stationen des Glaubens und Unglaubens nachzeichne. Dabei kommt neben dem Gott, der geglaubt wird, natürlich auch immer wieder die Religion in den Blick, die diesen Glauben konkret ausformuliert hat, mit Moral und Institutionen unterstützt (und häufig noch mehr untergräbt) und durch die Zeiten tradiert. In meinem Stück ist die Frage nach allgemeiner Religiosität aber eher ein Nebenthema.

Wie man von Gott sprechen kann, wird dagegen von verschiedenen Seiten beleuchtet. Gottesbeweise können (den Tropen des Agrippas bzw. dem Münchhausen-Trilemma folgend[215]) grundsätzlich abgelehnt werden. Die negative Theologie mit ihrem wissenden Nichtwissen[216] um das ganz andere Göttliche kommt zur Sprache, und in diesem Zusammenhang kann auch die dunkle Seite in Gott und damit die Theodizee zumindest etwas eingeordnet werden.[217] Mit der Pascal'schen Wette und dem Tod Gottes wird Gott als ein objektives Wesen endgültig verworfen und als relationale, nichtwesenhafte Grösse ganz in den zwischenmenschlichen Erfahrungsbereich hineingelegt.[218] Dort und nur dort macht die Rede vom Göttlichen Sinn. Dass ich den langen Monolog des E, in dem er diese Hasenhüttl'schen Schlussfolgerungen erklärt, im Stück kontrapunktisch zu einer orthopraktischen Notwendigkeit angesiedelt habe, soll Hasenhüttls Aussagen nicht schmälern.

Allerdings möchte ich hier – nicht im Stück – auch Widerspruch an Hasenhüttls Argumentation anbringen. Hasenhüttl bezeichnet die absolute Bejahungserfahrung bzw. Liebe als Gott und verwendet dafür eine komplexe Herleitung.[219] Das ist mein erster Einwand: Man kann leicht den Eindruck gewinnen, dass er Bejahung symbolisch meint und damit der langen Liste symbolischer Rede nach «alter Mann», «Sinn» oder «Tiefe» einfach einen weiteren, anders akzentuierten Begriff anfügt. Als ich den Text für mein Stück paraphrasiert habe, konnte ich statt Bejahung aber oft Reich Gottes schreiben. Hasenhüttl setzt also nicht symbolisch Bejahung für Gott, sondern er beschreibt mit damit das, was sonst als Reich Gottes beschrieben wird – und dieses Reich Gottes nennt er nun (prädikativer/relationaler) Gott. Dann möchte ich lieber gleich von Reich Gottes sprechen! Der zweite Einwand: Hasenhüttl spricht von der Beziehung zwischen Menschen als einzigem Erfahrungsort der Bejahung. Ich kenne aber auch emotionale Momente, z. B. wenn ich allein unterwegs bin, wenn ich über etwas staune, wenn ich plötzlich fröhlich singen will oder wenn nach einem langen Nebeltag die Sonne durchbricht, die ich intuitiv als etwas Göttliches wahrnehme, etwas Gutes jedenfalls, und die für mich integraler Bestandteil des Reiches Gottes sind, ohne dass eine Beziehung zu anderen Menschen mitspielt. Diese Gottes-Erfahrungen sind auch nicht symbolische Rede von Gott, sie sind gar keine Rede, nur Emotion – und Emotion dafür, wie es (im Reich Gottes) sein soll. Der dritte und wesentlichste Einwand: Was ist mit Gottes Gerechtigkeit? Liegt es wirklich nur an uns, (s)eine gerechte Welt aufzubauen – und ist Gerechtigkeit eben nicht genau etwas ganz anderes als Liebe?[220] Ich glaube nicht als «bejahen des Bejahtseins, ohne jemand oder etwas, das bejaht»[221], sondern daran, dass meiner Gotteserfahrung wirklich ein Geschehen in Gott entspricht.

Persönlich fühle ich mich beim Gottesverständnis der Prozesstheologie (PT) besser aufgehoben,[222] das im Stück aber zugegeben kaum zur Sprache kommt. Der Gottesprozess der PT ist ein umfassender Gott, der das ganze Weltgeschehen mit allen seinen Einzelprozessen reziprok umschliesst. Auch ist er relational, da die PT nur in Relationen denkt. Gott ermöglicht nicht nur ganz neue Möglichkeiten – er schlägt auch jedem Ereignis eine Möglichkeit als anstossendes Ziel vor, ohne die Freiheit des Ereignisses zu beschränken. Auch ist er (Theodizee!) nicht mitleidlos. Die PT formuliert Leid von der anderen Seite und spricht von maximalem Genuss eines Ereignisses, sowohl aus der Sicht des Ereignisses als auch für Gott als Mitgeniesser. Vom Leid als Mangel an Genuss ist Gott direkt betroffen. Er fordert uns auf, den Genuss aller Ereignisse (in Hasenhüttls Begrifflichkeit wohl die Liebe aller Menschen) zu mehren, in dem wir uns genussvoll für uns und andere ereignen (also andere lieben). Er ist für uns erfahrbar, wenn wir für sein Anstossen sensibilisiert sind. Aber auch ohne ihn Gott zu nennen – oder ohne sein Zutun –, können wir uns für das Ziel des maximalen Genusses entscheiden. Allerdings ist auch die PT nur eine Beschreibung der Wirklichkeit in philosophischen Begrifflichkeiten, und nicht die Wirklichkeit selbst.

Zum ersten Traktat, zur Ergründung des Göttlichen innerhalb des Stückes ist mir noch ein Letztes wichtig: Wenn Gott tot ist und die Menschen den alten Religionen nicht mehr anhangen wollen, kommen – zwangsläufig? – neue Religionen und neue Götter ins Spiel. «Welche neuen Spiele werden wir erfinden müssen?»[223], fragt der tolle Mensch bei Nietzsche noch. Von der grössten und weltumspannenden dieser nachgöttlichen Liturgien, der Eröffnungszeremonie Olympischer Spiele, schreibe ich im Stück nicht zufällig an der Stelle, an der M effektiv Gott tötet bzw. von der Tat zurückkommt. Die Bühne ist frei für Grösseres als Gott: die Höchstleistung des Menschen, und dieser neue Welt-Mythos kann sogar die unterschiedlichsten Charaktere zusammenbringen, z.B. F und E vom Sie zum Du bringen. Andere funktionale Götter (Geld, Besitz, Wirtschaftswachstum) sind ebenso nur angedeutet wie die modernen Technikreligionen («Soziale» Netzwerke, i-Technik …). Sie alle sind positiv, sofern sie die Menschen aus Abhängigkeiten, Einsamkeit und Not befreien. Alle neigen aber auch dazu, ihre Anhänger einzuschränken, zu verunmenschlichen, auszuhorchen und sich selbst für alternativlos zu erklären.

Und der Atheismus? Sein Weltbild und Nicht-Gottesbild ist wie jedes religiöse Welt- und Gottesbild genau dann zu begrüssen, wenn es sich für ein gelingendes Leben aller Menschen ausspricht und einsetzt und tolerant ist gegenüber anderen toleranten Denkrichtungen. Auf den im Stück geschilderten liberalen Atheismus trifft das zu, deshalb kommen F und T bzw. E von ihrer jeweiligen Position aus oft zu ähnlichen Schlüssen.

Gott töten?

«Ich habe ihn umgebracht» – dieser Satz, der in der richtigen Situation jeden Gegenüber perplex machen wird,[224] stand am Anfang der Überlegungen zum Stück. Er führt allerdings zu zwei wesentlichen Schwierigkeiten. Zum einen beschreibt er eine konkrete Handlung eines einzelnen Menschen (bei Nietzsche heisst es «wir haben ihn umgebracht»[225] und meint die Beschreibung von etwas nachträglich Beobachtetem). Wie kann man diese Tat begehen oder davon sprechen? Ich habe mich dafür entschieden, auf eine Antwort zu verzichten, die Tat aber als symbolisch und konkret zugleich darzustellen.

Zum anderen ist die Aussage, dass wir Gott töten müssen, an ein konkretes Gottesbild gekoppelt. Eine «Bejahung des Bejahtseins» kann ich nicht töten oder töten wollen. Es muss also auch heute noch ein konkreter Grund bestehen, dass jemand losziehen will. Warum M von Anfang an verstört ist, lasse ich bewusst offen. Klar ist, dass er durch Ws These («es läuft etwas grundsätzlich schief») weiter verunsichert und von E mit der Pascal'schen Wette in die Enge getrieben wird.[226] Hier können jetzt die Gründe tatsächlich noch plausibel sein, die die Religionskritiker vor über hundert Jahren gegen den liberalen Theismus vorgebracht (und aufgebracht) haben. Vielleicht ist eine Begründung aber auch nicht nötig, sondern es reicht die Bestimmtheit, mit der M auf sein (wirres) Ziel zusteuert.[227]

Christus

Das Christentum beruft sich dem Namen nach auf einen göttlichen und/oder menschlichen Retter, Christus, den es im auferstandenen Jesus von Nazaret gefunden hat. In den Dialogen meines Stücks kommt Jesus selten vor, und dann nicht systematisch. Allerdings habe ich mit verschiedensten Anspielungen nahezulegen versucht, dass B selbst der «Christus» sein könnte: Sein erstes grosses Wort im Stück, das er (scheinbar) aus der Bibel abliesst («Wenn ich die Dämonen durch den Finger Gottes austreibe, dann ist doch das Reich Gottes schon zu euch gekommen»[228]), die Intensität, mit der er auf die Frage «Wie sagst Du zu Gott»[229] mit «Abba, Vater»[230] antwortet, seine Bemerkung, er sei kurzzeitig sogar einmal Gärtner gewesen,[231] u. v. m. Darüber hinaus ist er es, der M am Ende des ersten Aktes zum praktischen Handeln motiviert (Christus ruft auch uns auf, gegen äussere und innere Zwänge aufzustehen – aufzuerstehen). Und er fängt ihn im zweiten Akt auf, rettet ihn vor der Verzweiflung, spricht ihm Vergebung zu, wird vom Knecht (Dienstleister) zum Freund[232] und bindet ihn wieder in die Gemeinschaft ein.

Die katholische Kirche

Bleibt noch die Kirche, das Traktat (c) der Fundamentaltheologie. Da ich über Gott und konkrete Menschen schreibe, komme ich manchmal nicht umhin, auf die aktuelle Kirchenkrise einzugehen.[233] Dabei kommt mein Unbehagen an der katholischen Kirche zum Tragen, das auch mit dem neuen Hoffnungsträger, Papst Franziskus, noch lange nicht verflogen ist. Auf ein Kirchen-Bashing oder konkrete Negativ-beispiele verzichte ich bewusst, möchte aber doch auch meine Hoff-nung in diese Kirche bezeugen. Die römisch-katholische Kirche hat ihre Vergangenheit noch nicht hinter sich, sie steckt (zum Teil auch in der Verkündigung) noch tief im Gottesbild des Spätmittelalters und hat es nicht selten zu einer Jenseitsvertröstung und einem Machtmittel pervertiert. Echte (relationale) Liturgie als Feier des Lebens ist oft nicht möglich. Und bei jedem Missstand komme ich immer wieder zum Befund, dass wir als Christenheit, Gemeinschaft und Gemeinde – und auch ich als Einzelner – nicht willens oder fähig sind, die Bot-schaft Jesu umzusetzen: «Habt keine Angst. Das Reich Gottes ist da!»[234] Aber wie ich an verschiedenen Stellen angedeutet und zitiert habe, gibt es auch Zeichen der Hoffnung, dass diese Kirche und der Bereich Gottes nicht disjunkt sind und für die Zukunft wieder näher zusammenfinden.

Über dem Wasser

Der Titel «Über dem Wasser» beschreibt den Inhalt des Stücks natür-lich nur sehr bedingt. Er weist aber immerhin auf einige Szenen hin, die mir besonders wichtig sind. Einerseits der orthopraktische Auftrag Jesu (an Petrus), es zu versuchen: über das Wasser gehen.[235] Anderer-seits das Schiff auf dem offenen Ozean, von dem M (mit Nietzsche) spricht.[236] Daneben gehören auch das Schiff Kirche (mit dem schla-fenden Herrn)[237] und das Wasser, das B dem M reicht,[238] zu den besonderen Wasser-Momenten. Und auch der Epilog macht erst dadurch Sinn: Schon von Anfang an und mitten im Chaos schwebt Gottes Geist über dem Wasser.

Zuletzt: Gott!

Eine kleine Erkenntnis, die sich bei Gotthold Hasenhüttl[239] in einer Nebenbemerkung zu den animistischen Religionen Schwarzafrikas findet, hat mich so sehr beeindruckt, dass sie als «kleiner Ausflug»[240] Eingang ins Stück gefunden hat: In den Naturreligionen werden ver-schiedene Götter und Geister *an*gerufen, die für verschiedene (funkti-onale) Lebensbereiche zuständig sind. Gott aber wird *aus*gerufen, als Ausdruck dafür, dass mir etwas Gutes, Beeindruckendes, Bemerkens-wertes widerfahren (oder gelungen) ist. Ach, Gott! Da bist Du ja!

Zum Weiterlesen

Dieter Bauer: *Überlieferungen aus Prophetie, Weisheit und Apokalyptik*. Altes Testament, Teil 2 (Studiengang Theologie, Band I,2), Zürich: Edition NZN bei TVZ 2011.

Roland Faber: *Gott als Poet der Welt*. Anliegen und Perspektiven der Prozesstheologie. Darmstadt: WBG 2003.

Robert Gernhardt: *Reim und Zeit*. Gedichte. Stuttgart: Reclam 2009.

Gotthold Hasenhüttl: *Glaube ohne Mythos*. Band 1: Offenbarung, Jesus Christus, Gott. Mainz: Matthias Grünewald 2001.

Ulrich Neuenschwander/Werner Zager: *Gott denken angesichts des Atheismus*. Neukirchen-Vluyn: Neukirchener 2001.

Felix Senn: *Fundamentaltheologie* (Studiengang Theologie, Band V), Zürich: Edition NZN bei TVZ (i. V.).

Günther Weber: *Ich glaube, ich zweifle*. Notizen im Nachhinein, Zürich/Düsseldorf: Benziger 1996.

2. Akt, Szenen 1 und 2 (überschneidend)

Die Szenen 1 und 2 im 2. Akt sind in der gedruckten Version separiert, aber mit dem Verweis, dass sie eigentlich überschneidend zu denken sind. Die Parallelführung und Überschneidung der Szenen beruht stark auf dem emotionalen Charakter beider Gespräche, und ist deshalb nur bei einer Inszenierung oder szenischen Lesung sinnvoll.

Diese Textfassung bietet nun einen Vorschlag, wie die Szenen ineinander verzahnt sein sollen. Allfällige Anmerkungen sowie der Exkurs zur Mythenbildung sind dem Original zu entnehmen und hier nicht mehr eingefügt. Der gesprochenen Text entspricht exakt der gedruckten Version, die Regieanweisungen wurden teilweise leicht modifiziert.

E* Und dann, wenn die Flagge über dem Stadion weht, dann kommst du, dann ist die ganze Welt auf dich gerichtet, als den letzten von tausenden Fackelläufern. Der Vorletzte, der dir das Feuer aus den griechischen Bergen überreichen wird, steht schon parat, und der Drittletzte steht unten im grossen Rund und der Viertletzte, und über die grosse Videoleinwand flackern die Bilder vom Siebt- oder Achtletzten, der draussen vor dem Stadion die Flamme näher bringt und übergibt, von demjenigen, vielleicht ist es ein Kind oder eine Frau im Rollstuhl, die die Flamme ins Stadion hereinbringt, wo alle gespannt warten auf deinen grossen Auftritt, auf den Vorletzten, der die Flamme jetzt übernimmt und sie noch zweihundert Meter über die Tartanbahn tragen muss bis zu dir, damit du endlich – die Spotlights auf dich gehen an, du erscheinst gross auf der Leinwand und auf allen Fernsehschirmen der Welt, ein Raunen geht durch die Menge, die dich erkennt, und die TV-Kommentatoren nennen ehrfurchtsvoll deinen Namen, ja, wie erwartet bist du es, dem diese grosse Ehre zuteil wird, wem sonst, es wurde ja auch schon gemunkelt, von Ali genauso wie von Freeman und jetzt von dir, nicht mehr gemunkelt, alle wissen es jetzt: Du – warum duze ich Sie eigentlich? – du, der du jetzt endlich mitten im Rampenlicht die kleine Fackel in deiner Hand anzünden darfst, angezündet bekommst vom zweitletzten Läufer, übergeben an dich, den Entzünder, ...

Szene 2   Offenes Meer

M kommt hereingeschlichen, mit einer Laterne in der Hand. Er stellt die Laterne auf den Tresen, setzt sich und beginnt zu reden. Die ersten Sätze flüstert er mehr, als dass er sie spricht. B kommt auf ihn zu, schaut ihn an, hört ihm zu und sucht schliesslich das Gespräch, während parallel die Unterhaltung von F und E weiterläuft. Beide Gespräche nutzen dabei die Lücken des jeweils anderen.

E   ... nur noch wenige Meter die Treppe hoch, ein paar Stufen rennst du leicht und entflammst dann oben, hoch über allen, im Stadion die grosse, ewige Flamme dieser Spiele, ...

M   Nacht!

E   ... schwach züngelt das Gas zuerst, aber dann brennt sie, ...

M   Kommt nicht immerfort die Nacht ...

E   ... brennt lodernd über dem ganzen Stadion und der ganzen Stadt und auf allen Bildschirmen, ...

M   ... und mehr Nacht?

E   ... und die ganze Welt sieht nun das Herz dieser Spiele in deiner Stadt und hält staunend inne ...

M   Wohin bewegen wir uns?

E   ... und jubelt laut.

M   Stürzen wir nicht fortwährend? Und rückwärts, seitwärts, vorwärts, nach allen Seiten?

E   Das begreife ich, dass Sie das möchten.

F   Sagen Sie Du!

E   Dass Du das möchtest.

M   Gibt es noch ein Oben und ein Unten?

F   Du etwa nicht?

M   Irren wir nicht wie durch ein unendliches Nichts? Haucht uns nicht der leere Raum an?

E   Ich bin kein Sportler. Die olympische Fahne, die olympische Flamme, der olympische Eid, ...

M   Ist es nicht kälter geworden?

E   ... das ist der Höhepunkt des Sportlerlebens.

B   Was ist mit Gott? Wollen Sie es mir sagen?

M Ich habe es getan, ich habe ihn getötet.

F Ja, aber die Flagge und die Flamme sind ja lediglich zwei Zeichen, die die olympische Bewegung im Lauf der Zeit bezeugen und die Wettkämpfe der konkreten Spiele erhellen. Das dritte fehlt noch: das Eröffnungswort!

M Aber wie? Wie konnte ich das Meer austrinken? Wer gab mir den Schwamm, um den ganzen Horizont wegzuwischen? Gott ist tot! Gott bleibt tot! Und ich habe ihn getötet!

E *erhebt sich feierlich, holt Luft* Ich erkläre die Olympischen Spiele von sowieso zur Feier der soundsovielten Olympiade der Neuzeit für eröffnet.

B Sie müssen sehr stark sein, um Gott umbringen zu können.

E Möge sich die Jugend der Welt in fairen und friedlichen Spielen messen, …

M Ich bin der Schwächste von allen. Ich habe ihn umgebracht.

E … mögen die Besten und Glücklichsten gewinnen …

M Wer tröstet mich jetzt, den Mörder aller Mörder?

E … und alle die erwartete Leistung zum Ruhme ihrer Herkunftsländer erbringen, …

M Das Heiligste und Mächtigste, es ist unter meinem Messer verblutet, …

E … mögen wir gemeinsam feiern im Licht dieser Flamme, deren Schein euch erhellt von heute an und bis zur letzten Entscheidung in diesem Stadion unter den fünf Ringen.

M … ich kann nicht mehr. Ich komme zu früh, ich bin noch nicht an der Zeit. Dies ungeheure Ereignis ist noch unterwegs und wandert.

E *setzt sich, zufrieden.* Ja.

M Propheten, Apostel, Heilige haben immer schon auf ihn gewartet und aus diesem Warten die Kraft zum Reden gezogen. Ich habe noch nicht mal die Kraft zum Schweigen.

F *schaut E lange an.* Ja, das wäre was.

B Dann, von mir aus, rede weiter, rufe, schrei zum Steinerweichen, und du wirst den sich'ren Hafen ohne Zwischenfall erreichen.

M Hafen? Wir haben die Brücke hinter uns – mehr noch, wir haben das Land hinter uns abgebrochen! Nun, Schifflein, sieh' dich vor! Neben dir liegt der Ozean, es ist wahr, er brüllt nicht immer, und mitunter liegt er da wie Seide und Gold und Träumerei der Güte.

E   Jedes Mal aufs Neue ergreifend, so eine Eröffnungsfeier.

M   Aber es kommen Stunden, wo du erkennen wirst, dass er unendlich ist und dass es nichts Furchtbareres gibt als Unendlichkeit.

E   Warum gibt es das eigentlich lediglich alle vier Jahre?

M   Wehe, wenn das Land-Heimweh dich befällt, als ob dort mehr Freiheit gewesen wäre – und es gibt kein «Land» mehr! Mit welchem Wasser könnte ich mich reinigen?

F   Nimmst Du auch einen Cocktail?

M   Welche heiligen Spiele werden wir erfinden müssen?

E   Ja, gerne.

F geht an den Tresen.

M   Ich bin zum Schwachsein verdammt. Der Tod Gottes zwingt mich zur vollen verdammten Verantwortung in der Diesseitigkeit, in der einen ungeteilten Wirklichkeit, in der wir leben. Es gibt nur noch das Diesseits, die verantwortliche Wirklichkeit im Hier und Jetzt, und das mutlose Verantwortlichsein an der Schwäche dieser ganz und gar oberflächlichen Welt.

B   Und wenn die Welt doch Tiefe hat?

F   Oh ja, das hat sie! *Zu M* Die Welt, das ist mein Thema – und sie hat genug Tiefe für uns beide, damit wir uns einfach am Leben freuen statt, wie die so genannten Propheten, auf Gott zu warten und zu leiden.

M   Er ist tot, verdammt nochmal. Haben Sie das nicht gehört? Ich warte nicht mehr.

F   Seien Sie froh, mit einem toten Gott brauchen wir uns ja nicht weiter herumzuschlagen.

M   Doch, doch, erfahrbar bleibt er. Erfahrbar bleibt für mich die ungeheure Begegnung und Schuld der Tat. Einen Mord, wissen Sie, vergibt man sich nicht so schnell.

Abkürzungen

Dtn	Deuteronomium
Ex	Exodus
Gal	Brief des Apostels Paulus an die Galater
Gen	Genesis
Joh	Evangelium nach Johannes
Jona	Buch Jona
Koh	Kohelet
Lk	Evangelium nach Lukas
Mk	Evangelium nach Markus
Mt	Evangelium nach Matthäus
Offb	Geheime Offenbarung des Johannes
1 Petr	Erster Petrusbrief
Ps	Psalm

DH   Denzinger, Heinrich: *Kompendium der Glaubensbekenntnisse und kirchlichen Lehrentscheidungen.* Verbessert, erweitert, ins Deutsche übertragen und unter Mitarbeit von Helmut Hoping hg. von Peter Hünermann, Freiburg i. Br.: Herder [38]1999.

DV   Zweites Vatikanisches Konzil: Dogmatische Konstitution über die göttliche Offenbarung «Dei Verbum» (18. November 1965).

EG   Franziskus: Apostolisches Schreiben über die Verkündigung des Evangeliums in der Welt von heute «Evangelii gaudium» (24. November 2013).

FW   Friedrich Nietzsche: *Die fröhliche Wissenschaft*, Nr. 125. Online unter www.nietzschesource.org/#eKGWB/FW.

GS   Zweites Vatikanisches Konzil: Pastorale Konstitution über die Kirche in der Welt von heute «Gaudium et spes» (7. Dezember 1965).

KKK   Katechismus der Katholischen Kirche. Neuübersetzung aufgrund der Edition typica Latina, München u. a. 2003.

LG   Zweites Vatikanisches Konzil: Dogmatische Konstitution über die Kirche «Lumen Gentium» (21. November 1964).

PT   Prozesstheologie.

Anmerkungen zum Dialogstück

Wenn nicht anders angegeben, stammen Bibelzitate aus der Einheitsübersetzung (Stuttgart: Katholisches Bibelwerk 1980).

1   Mein Text ist entstanden im Rahmen des Studiengangs Theologie von theologiekurse.ch. Theologisch orientiere ich mich hauptsächlich an dem Erkenntnisstrang über Gott und Religion, den Gotthold Hasenhüttl in seinem Buch «Glaube ohne Mythos, Bd. 1: Offenbarung, Jesus Christus, Gott» (Mainz: Matthias Gründewald 2001) beschreibt.

2   Vgl. Ex 32.

3   Vgl. Dieter Bauer: *Überlieferungen aus Prophetie, Weisheit und Apokalyptik.* Altes Testament, Teil 2 (Studiengang Theologie I,2), Zürich: Edition NZN bei TVZ 2011.

4   Friedrich Nietzsche: *Die fröhliche Wissenschaft*, Nr. 125. Online unter www.nietzschesource.org/#eKGWB/FW (29.8.2014).

5   Zum Begriff Atheismus siehe Anhang.

6   Robert Gernhardt: *Psalm*, aus: *Wörtersee*, Frankfurt a. M.: Zweitausendeins, 1981 © Nachlass Robert Gernhardt, durch Agentur Schlück. Für Erläuterungen siehe auch die Einleitung.

7   Thomas Erne: *Zitate zum Evangelischen Kirchentag [Dresden]*, ZEIT, Glauben&Zweifeln 2011/22.

8   KKK Nr. 2087.

9   Dogmatische Konstitution Dei Filius, Kap. 1, DH 3002.

10 Dogmatische Konstitution Dei Filius, Kap. 2, DH 3004.

11 KKK Nr. 891, unter Bezug auf DV 10 und LG 25.

12 Johannes XXIII., nach Urs Eigenmann: *Von der Christenheit zum Reich Gottes*, Luzern: Edition Exodus 2014.

13 David Berger, *In der Festung*, ZEIT, Glauben&Zweifeln 2012/22 zitiert hier einen «Kurienkardinal und guten Freund Joseph Ratzingers». Mit «Konzil» ist das Zweite Vatikanische Konzil gemeint, vgl. 1. Akt, Szene 2.

14 Mt 15,26.

15 KKK Nr. 760.

16 KKK Nr. 2088.

17 Das Schuldbekenntnis der Eucharistiefeier («Confiteor») wird auch in der Tagzeitenliturgie verwendet: nach der Gewissenserforschung zu Beginn der Komplet («Nachtgebet der Kirche»).

18 So der Slogan einer Freidenker-Kampagne in der Schweiz (vgl. geniess-das-leben.ch [29.8.2014]). Ein in Deutschland in der Buskampagne umgesetzter Text lautet leicht anders: «Es gibt (mit an Sicherheit grenzender Wahrscheinlichkeit) keinen Gott. Ein erfülltes Leben braucht keinen Glauben.» (www.buskampagne.de/indexfc23.html?page_id=352 [29.8.2014]).

19 Nach Günther Weber: *Ich glaube, ich zweifle.* Notizen im Nachhinein, Zürich/Düsseldorf: Benziger 1996, S. 67.

20 Die Astrophysik spricht nicht von «entropischer Endharmonie» sondern von «Wärmetod des Universums»: Irgendwann wird es im Weltall überall gleich warm sein, ein Energiefluss ist nicht mehr möglich. Das erwähnte physikalische Gesetz ist der Zweite Hauptsatz der Thermodynamik, nach dem die Entropie in einem abgeschlossenen System nie abnehmen kann. Ob unser Universum in diesem Sinne ein abgeschlossenes System ist, gilt unter Physikern als umstritten. Vgl. Dieter Meschede (Hg.): *Gerthsen Physik*, Berlin: Springer [23]2006, Abschnitt «Wärme», oder Wikipedia: «Thermodynamik» und «Wärmetod (Physik)».

21 Weber, *Ich glaube, ich zweifle* (wie Anm. 19), S. 46, überschreibt so sein Kapitel zum Gottesbild.

22 Vgl. GS 1. Die Pastoralkonstitution spricht allerdings ausdrücklich von «Freude und Hoffnung, Trauer und Angst», was hier absichtsvoll auf die negativen Aspekte verkürzt ist.

23 Nach Koh 9,7–9.

24 Nach Lk 9,23.

25 Lk 19,5.

26 Joh 4,7.

27 Nach Mt 14,16.

28 Nach Lk 15,32.

29 Lk 11,20.

30 Vgl. Gottfried Wilhelm Leibniz: *Prinzipien der Natur und der Gnade*, Nr. 7; vgl. Martin Heidegger: *Einführung in die Metaphysik*.

31 Vgl. Renold Blank: *Gott und seine Schöpfung*. Dogmatik: Gotteslehre, Schöpfungslehre (Studiengang Theologie VI,1), Zürich: Edition NZN bei TVZ [2]2013, S. 260.270–274.

32 Nach Stephen Hawking: *Eine kurze Geschichte der Zeit*, Reinbek: Rowohlt 1998, S. 13.

33 Vgl. Aristoteles: *Metaphysik*, Buch 12, Kapitel 6–10.

34 Eberhard Jüngel: *Gott als Geheimnis der Welt*. Zur Begründung der Theologie des Gekreuzigten im Streit zwischen Theismus und Atheismus. Tübingen: Mohr Siebeck 2001, S. 16 ff.

35 Vgl. Wikipedia: «Gödelscher Unvollständigkeitssatz».

36 Diese Argumentation geht auf Thomas von Aquin zurück.

37 Blaise Pascal, nach Gero von Randow: *Diesseits von Gut und Böse*, ZEIT, Glauben&Zweifeln 2010/37.

38 Vgl. Bauer, Überlieferungen aus Prophetie, Weisheit und Apokalyptik (wie Anm. 3).

39 Vgl. Wikipedia: «Agrippa (Philosoph)».

40 Vgl. Wikipedia: «Münchhausen-Trilemma».

41 Nach Friedrich Nietzsche: *Jenseits von Gut und Böse*, Nr. 21, www.nietzschesource.org/#eKGWB/JGB-21 (29.8.2014).

42 Vgl. Ulrich Neuenschwander/Werner Zager: *Gott denken angesichts des Atheismus*, Neukirchen-Vluyn: Neukirchener 2001, S. 155 f. Auch Neuenschwander spricht im theologischen Kontext von Axiomen. Ein wesentlicher Unterschied zwischen Dogmen und Axiomen ist allerdings, dass Axiome innerhalb des Systems auf ihre Brauchbarkeit hin überprüft werden dürfen und durch bessere (oder andere) Axiome ersetzbar sind. Dogmen stehen innerhalb des Systems unzweifelhaft fest und dürfen nicht hinterfragt werden.

43   Das Kommutativgesetz ist ein Einzelaxiom der Körperaxiome, vgl. Wikipedia: «Körper (Algebra)».

44   Ich werde später noch auf die Frage eingehen, inwieweit man von Gott als Person (oder christlich: als drei Personen) reden kann – in welchen Grenzen das Axiom also sinnvoll ist.

45   Ein so – als abstrakte Grösse des Denksystems – definierter Gott hilft nicht wirklich weiter, denn dass sich von Gott reden lässt, das weiss ich bereits. Vgl. auch 1. Akt, Szene 4.

46   Das ist der 1. Tropos des Agrippa, vgl. Exkurs.

47   Vgl. Hasenhüttl, *Glaube ohne Mythos* (wie Anm. 1), S. 565 ff. zur theologisch korrekten Beweisführung.

48   Ähnlich polemisiert Hasenhüttl, *Glaube ohne Mythos* (wie Anm. 1), S. 564 gegen Augustinus.

49   Inhaltlich in Anlehnung an Thomas von Aquin, nach Hasenhüttl, *Glaube ohne Mythos* (wie Anm. 1), S. 570 ff.

50   Genuss und (anstossendes) Ziel sind hier zwei Begriffe aus der Prozesstheologie, vgl. Anhang und Roland Faber: *Gott als Poet der Welt*. Anliegen und Perspektiven der Prozesstheologie, Darmstadt: WBG 2003.

51   Nach Neuenschwander/Zager, *Gott denken angesichts des Atheismus* (wie Anm. 42), S. 160 ff.

52   Vgl. Ex 20,4 und Dtn 5,8.

53   Vgl. Neuenschwander/Zager, *Gott denken angesichts des Atheismus* (wie Anm. 42), S. 162 ff.

54   Vgl. Nikolaus Cusanus: Im wissenden Nichtwissen respektieren wir die menschlichen Grenzen. Nach Neuenschwander/Zager, *Gott denken angesichts des Atheismus* (wie Anm. 42), S. 168.

55   Martin Heidegger: *Aus der Erfahrung des Denkens*, Frankfurt a. M: Klostermann 2002.

56   Nach Hasenhüttl, *Glaube ohne Mythos* (wie Anm. 1), S. 513; vgl. auch Anhang.

57   www.gottlosgluecklich.de/?page_id=9 (20.8.2012) und www.gottlosgluecklich. de/?page_id=800 (20.8.2012).

58   Thomas Assheuer/Evelyn Finger im Gespräch mit Hans Küng: *Wagt endlich Reformen!*, ZEIT, Glauben&Zweifeln 2011/22.

59   www.gottlosgluecklich.de/?page_id=234 (20.8.2012).

60   Aus dem Film «Bandits» von 1997.

61   Nach Kurt Marti, vgl. Eberhard Jüngel: *«Ich wurde geliebt, also war ich»*, Rezension zu Kurt Marti: Heilige Vergänglichkeit, ZEIT, Glauben&Zweifeln 2011.

62   Friedrich Nietzsche: *Also sprach Zarathustra* II, § Auf den glückseligen Inseln, www.nietzschesource.org/#eKGWB/Za-II-Inseln (29.8.2014).

63   Vgl. Andreas Horn/Christoph Wohlgemut/Albrecht Nollau: *Woran Christen (noch) glauben*, ZEIT, Glauben&Zweifeln 2011/17.

64   Vgl. ebd.

65   Vgl. www.gottlosgluecklich.de/?page_id=116 (20.8.2012).

66   Voltaire (Françoise-Marie Arouet).

67   Nach www.gottlosgluecklich.de/?page_id=800 (20.8.2012).

68   Nach Thomas Binotto: Editorial, forum 2011/24.

69   Vgl. z. B. Offb 22,18–19.

70 Nach Lk 17,21.
71 Nach www.gottlosgluecklich.de/?page_id=9 (20.8.2012).
72 Vgl. Hasenhüttl, *Glaube ohne Mythos* (Anm. 1), S. 683 über Gott als zwei-
    deutige Grundwirklichkeit sowie Neuenschwander/Zager, *Gott denken ange-*
    sichts des Atheismus (Anm. 42), S. 169 ff. über die dunkle Seite Gottes.
73 Weber, *Ich glaube, ich zweifle* (Anm. 19), S. 81 ff. führt diesen Gedanken sehr
    schön aus.
74 Johann Wolfgang von Goethe: *Maximen und Reflexionen.*
75 Johann Wolfgang von Goethe: *Faust. Der Tragödie erster Teil*, V. 3415–3468.
76 Nach Evelyn Finger: *Woran glauben?*, ZEIT, Leitartikel 2010/52.
77 Für die Aussagen zu Glut und Asche inklusive des Verweises auf Rahner vgl.
    Carlo Marti Martini: *Gibt es eine Hoffnung für die Kirche?*, forum 2012/19.
78 Papst Franziskus in seiner Neujahrsbotschaft 2014, zitiert nach Beatix Leder-
    gerber: *Editorial*, forum 2014/2.
79 Die Kritikpunkte folgen Thomas Assheuer/Evelyn Finger im Gespräch mit
    Hans Küng: *Wagt endlich Reformen!*, ZEIT, Glauben&Zweifeln 2011/22.
80 Klaus Mertes, nach Evelyn Finger: *Der verlorene Vater*, ZEIT,
    Glauben&Zweifeln 2011/39.
81 Joachim Wanke, in: *Welchen Aufbruch brauchen wir?*, ZEIT,
    Glauben&Zweifeln 2012/21.
82 Vgl. Karl Rahner: *Das Schiff im Sturm*, Volksbote Innsbruck, 1950. Siehe
    auch Mt 8,24.
83 Vgl. Johanna Rahner/Jürgen Manemann/Erik Müller-Zähringer: *Bischöfe,*
    aufgewacht!, ZEIT, Glauben&Zweifeln 2011/12.
84 Vgl. Evelyn Finger: *Und die Kirche bewegt sich doch*, ZEIT, Glauben&Zweifeln
    2011/22.
85 Ps 18,3 (Übersetzung: Zürcher Bibel 2007).
86 Nach Finger, *Und die Kirche bewegt sich doch* (wie Anm. 84).
87 Nach 1 Petr 3,15.
88 Nach Horn/Wohlgemut/Nollau: *Woran Christen (noch) glauben* (wie Anm. 63).
89 Vgl. Ex 14,15–15,21.
90 Vgl. Mt 14,25–33.
91 Nach Marjorie Hewitt Suchocki: *God, Christ, Church – a Practical Guide to*
    Process Theology, New York: Crossroad 1989, S. 96 f.
92 Nach Mk 10,18.
93 Nach Lk 15 – es geht das Gleichnis von den 99 Schafen und dem einen verlo-
    renen voraus, und es folgt das bekannte Gleichnis vom «verlorenen Sohn».
94 Hasenhüttl, *Glaube ohne Mythos* (wie Anm. 1), S. 645 gibt unter Bezug auf
    Paul Tillich zur «Überwindung des Theismus» die Überwindung dieser drei
    Punkte als notwendig an: rhetorisch-politisch legitimierender Gott der Mäch-
    tigen, Gott der Gottesbeweise, jüdisch-christlicher personalistischer Theismus.
95 Vgl. Mt 6,9–10 par.
96 Dietrich Bonhoeffer, zitiert nach Hasenhüttl, *Glaube ohne Mythos* (wie
    Anm. 1), S. 650.
97 Ulrich Greiner: *Gott ist gnädiger als der Mensch*, ZEIT, Glauben&Zweifeln
    2011/17.
98 Nach Peer Teuwsen: *Geld ist wie Methadon*, ZEIT, Schweiz 2012/32.
99 Nach Hilal Sezgion: *Am Rand meines Lebens*, ZEIT, Feuilleton 2011/35.
100 Vgl. Ex 32,1–35.

101 Nach EG 55.
102 Vgl. Hanno Rauterberg: *Das Glück ist grün*, ZEIT, Feuilleton 2012/22.
103 Vgl. Iris Radisch im Gespräch mit Arundhati Roy: *Die Diktatur der Mittelklasse*, ZEIT, Feuilleton 2011/37.
104 Dwight D. Eisenhower.
105 EG 53.
106 Vgl. Susanne Gaschke: *Kommen wir hier noch raus?*, ZEIT, Feuilleton 2011/35.
107 Peer Teuwsen im Gespräch mit Aldo Haesler: *Das Geld macht uns einsam*, ZEIT, Wirtschaft 2011/34.
108 Ps 14,1 (Übersetzung: Elberfelder Bibel 2006).
109 Winfried Schröder:*Ursprünge des Atheismus. Untersuchungen zur Metaphysik- und Religionskritik des 17. und 18. Jahrhunderts*, Stuttgart-Bad Cannstatt: Frommann-Holzboog 1998.
110 Nach Faber, *Gott als Poet der Welt* (wie Anm. 50).
111 Vgl. Hasenhüttl, *Glaube ohne Mythos* (wie Anm. 1), S. 587 f.
112 Wikipedia: «Pascalsche Wette» (18.8.2014).
113 Paul Tillich: *Der Mut zum Sein*, Berlin: De Gruyter 1991, S. 136 f.
114 «Der Herr wird vorsorgen», steht auf dem Rand der 5-Franken-Münze.
115 Vgl. Assheuer/Finger im Gespräch mit Hans Küng: *Wagt endlich Reformen!* (wie Anm. 58).
116 Vgl. Lk 19,21.
117 Vgl. allerdings Mt 13,10–15 zur Frage, warum Jesus zu den Menschen in Gleichnissen redet.
118 Joh 6,47.
119 Joh 10,14.
120 Nach Ps 23,1–2.
121 Joh 10,7.
122 Joh 10,1–5.
123 Ps 34,13.
124 Vgl. Benediktsregel, Prolog 15–17 (vollständig: «Wer ist der Mensch, der das Leben liebt und gute Tage zu sehen wünscht? Wenn Du das hörst und antwortest: ‹Ich›, dann sagt Gott zu Dir: willst Du wahres und unvergängliches Leben, bewahre Deine Zunge vor Bösem und Deine Lippen vor falscher Rede! Wende Dich ab vom bösen und tue das Gute; suche deinen Frieden und jage ihm nach»).
125 Ps 34,15.
126 Robert Gernhardt: «*Weder noch*», aus: ders.: *Gesammelte Gedichte 1954–2006* © S. Fischer Verlag GmbH, Frankfurt a. M. 2008.
127 Ludwig Feuerbach: *Das Wesen des Christentums*.
128 Nietzsche, FW 141 (wie Anm. 4).
129 Karen Duve: *Woran glauben Atheisten – Zitate*, ZEIT, Glauben&Zweifeln 2010/37.
130 Salman Rushdie: *Woran glauben Atheisten – Zitate*, ZEIT, Glauben&Zweifeln 2010/37.
131 Gotthold Hasenhüttl, zitiert nach: Evelyn Finger: *Woran glauben?* (wie Anm. 76).
132 Harald Martenstein: *Über die Fehlbarkeit des Papstes*, ZEIT-Magazin, Kolumne, 2011/41.

133 Woody Allen: *Woran glauben Atheisten – Zitate*, ZEIT, Glauben&Zweifeln 2010/37.

134 Michel Houellebecq: *Woran glauben Atheisten – Zitate*, ZEIT, Glauben&Zweifeln 2010/37.

135 Andreas Maier, zitiert nach Christoph Gellner: *Neue Aufmerksamkeit für Gott*, Kurszeitung theologiekurse.ch 2010/2.

136 Dietrich Bonhoeffer, in Hasenhüttl, *Glaube ohne Mythos* (wie Anm. 1), S. 649; vgl. auch Klaas Hendrikse: *Glauben an einen Gott, den es nicht gibt.* Manifest eines atheistischen Pfarrers, Zürich: TVZ 2013, insb. S. 28–30.

137 Hans Magnus Enzensberger: *Empfänger unbekannt – retour à l'expéditeur*, in: *Kiosk*. Neue Gedichte © Suhrkamp Verlag Frankfurt a. M. 1995, S. 124.

138 Jean-Paul Sartre: *Die Wörter*, in: *Gesammelte Werke in Einzelausgaben*, hg. in Zusammenarbeit mit dem Autor von A. El Kaim-Sartre/Traugott König (Autobiographische Schriften Bd. 1), Reinbek: Rowohlt 1984.

139 Eine Textfassung, in der die Szenen ineinander verzahnt sind, findet sich ab E* im Anhang.

140 Ganze Szene bis hierher nach Nietzsche, FW 125 (wie Anm. 4).

141 Nach Robert Gernhardt, *Umgang mit Tieren aus der Tiefe*, in: Reim und Zeit. Gedichte, Stuttgart: Reclam 2009, S. 32.

142 Nach Nietzsche, FW 124 und 125 (wie Anm. 4).

143 Hasenhüttl, *Glaube ohne Mythos* (wie Anm. 1), S. 643 und 646 ff: «Gerade weil Gott in seiner objektiven Unerfahrbarkeit erwiesen ist, kommt die Wahrheit – die alte Wahrheit! – neu in Sicht, dass Gott sich nur selbst erfahren lassen kann.»

144 Nietzsche, FW 343 (wie Anm. 4).

145 Nietzsche, FW 125 (wie Anm. 4).

146 In versuchter Umkehrung zum Ps 23,4 (Einheitsübersetzung: «Muss ich auch wandern in finsterer Schlucht, ich fürchte kein Unheil; denn du bist bei mir, dein Stock und dein Stab geben mir Zuversicht.»; Septuaginta Deutsch: «Denn wenn ich auch wandle inmitten des Todesschattens, werde ich Böses nicht fürchten, denn du bist mit mir. Dein Stab und dein Stock, sie haben mich getröstet/ermuntert.»).

147 Nach Hasenhüttl, *Glaube ohne Mythos* (wie Anm. 1), S. 606 f.

148 Nietzsche, FW 125 (wie Anm. 4).

149 E spielt auf Akt 1, Szene 3 und das Beispiel zum 1. Tropos des Agrippa an.

150 Thomas Assheuer: *Europas Kirchen sind so leer wie immer*, ZEIT, Feuilleton 2011/26.

151 Dorothee Sölle, nach Hasenhüttl, *Glaube ohne Mythos* (wie Anm. 1), S. 675.

152 Mt 5,13a (Übersetzung: Bibel in gerechter Sprache).

153 Lk 2,34.

154 Nach Jürgen Kuhlmann.

155 Nach Ex 3,7.

156 Nach Hasenhüttl, *Glaube ohne Mythos* (wie Anm. 1), S. 672 formuliert Richard Lowell Rubenstein ähnlich wie Spinoza.

157 Vgl. KKK 1846 ff.

158 Vgl. Lk 5,27–32.

159 Vgl. Lk 7,36–50.

160 Vgl. Michael Wolter: *Das Lukasevangelium* (HNT 5), Tübingen 2008, S. 229 und S. 291 ff.

161 Vgl. Karin Scheiber: *Vergebung.* Eine systematisch-theologische Untersuchung, Tübingen: Mohr Siebeck 2006. S. 17 ff. sowie Urs Baumann/Karl-Josef Kuschel: *Wie kann den ein Mensch schuldig werden?.* Literarische und theologische Perspektiven von Schuld, Tübingen: Piper 2002, S. 77 ff.

162 Vgl. Thomas Schmeller: *Sünde und Befreiung von der Sünde im Neuen Testament – befreiungstheologisch gelesen,* in: Hubert Frankemölle (Hg.): *Sünde und Erlösung im Neuen Testament,* Quaestiones disputatae 161, Freiburg i. Br.: Herder 1996, 186 ff.

163 Vgl. Lk 5,1–11.

164 Vgl. Lk 18,13.

165 Vgl. Lk 15,18–24.

166 Vgl. Lk 23,41–43, wobei der Schächer sich nicht als sündig, sondern indirekt als schuldbeladen bezeichnet.

167 Das Lukasevangelium zeichnet sich gegenüber den anderen aus, weil es «fast durchgängig als Evangelium der Sündenvergebung gelesen werden» kann (Scheiber: *Vergebung. Eine systematisch-theologische Untersuchung* [wie Anm. 161], S. 49).

168 Ijoma Mangold im Gespräch mit Martin Walser: *«Liebe ist auch Glaubenssache»,* ZEIT, Glauben&Zweifeln 2011/41.

169 Jona 1–2.

170 Thomas Binotto: *z. B. Poesie statt Papier.* Kreuz und Quer, Gedankenspiel Nr. 10, forum 2012/5.

171 Evelyn Finger und Andreas Öhler im Gespräch mit Wolf Biermann: *«Im Paradies würde ich vor Langeweile sterben»,* ZEIT, Glauben&Zweifeln 2011/45.

172 Hasenhüttl, *Glaube ohne Mythos* (wie Anm. 1), S. 664 f. bezieht sich auf Gabriel Vahanian und sagt: «Das Opium dieser Religiosität hat in der heutigen Zivilisation Gott zu Tode gebracht.»

173 Hasenhüttl, *Glaube ohne Mythos* (wie Anm. 1), S. 60 f. zitiert hier zum Teil wörtlich Hegel – auch wenn ich den Sinnzusammenhang hier nur ansatzweise hergestellt habe, geht es mir darum, dass E weiterhin mit abstrakten, grossen Worten hantiert und nicht wirklich auf M eingeht.

174 Vladimir Iljic Lenin.

175 Karl Marx: *Einleitung* zu Zur Kritik der Hegel'schen Rechtsphilosophie; in: Arnold Ruge/Karl Marx (Hg.): Deutsch-Französische Jahrbücher, 1te und 2te Lieferung, Paris: Im Bureau der Jahrbücher/Au bureau des annales 1844, S. 71 f.

176 Mk 2,17 par.

177 Nach Lk 11,20, vgl. Anm. 29.

178 Peter Kümmel: *Ach was – ein Leben ohne Loriot ist möglich, aber nicht sinnvoll.* Ein Nachruf, ZEIT, Feuilleton 2011/35.

179 Mk 14,36, vgl. auch Gal 4,6.

180 Zu denken ist an Mt 13,52, vgl. auch das alte Symbol Honig, das B am Schluss dieser Szene reaktiviert.

181 Nach Silja Walter, in Gellner: *Neue Aufmerksamkeit für Gott* (wie Anm. 135).

182 Herbert Haag, zitiert nach Weber, *Ich glaube, ich zweifle* (wie Anm. 19), S. 200.

183 Vgl. Lk 17,21: «Das Reich Gottes ist (schon) mitten unter euch.» Oder Mk 1,15: «das Reich Gottes ist nahe».

184 Als Neuformulierung des Vater-unsers. In diesem Sinne liese sich – enggeführt klingt es vielleicht etwas moralisch – weiter formulieren: «... auf der Erde so, dass es bis in den Himmel reicht, / dazu gib uns Brot und Kraft heute, / lass uns nicht verzagen, wenn es uns mal nicht gelingt, und auch nicht an den Mitmenschen, denen auch nicht immer alles gelingt, / damit wir nicht hereinfallen auf die zerstörerische Kraft von Machtdenken und Besitzstreben, / sondern dagegen aufstehen und solche persönlichen und systemischen Verstrickungen erkennen und überwinden helfen.»

185 Vgl. Hasenhüttl, *Glaube ohne Mythos* (wie Anm. 1), S. 699 ff. und S. 706 f. Hasenhüttl spricht allerdings oft von «Liebe» statt von «Bejahung».

186 Nach Ulrich Stock: *Honig in der Krise*, ZEIT, Wochenschau 2011/36.

187 Martin Luther.

188 Vgl. Joseph Ratzinger: *Der Geist der Liturgie*, Freiburg i. Br.: Herder 2007, S. 11.

189 Nach Ludwig Wittgenstein, vgl. Hasenhüttl, *Glaube ohne Mythos* (wie Anm. 1), S. 639 f.

190 Joh 19,35.

191 Ijoma Mangold im Gespräch mit Martin Walser: *«Liebe ist auch Glaubenssache»* (wie Anm. 168).

192 «Der Satz ist übrigens von Arno Schmidt.», nach Ulrich Stock: *Das Summen Gottes*, ZEIT, Wochenschau 2011/31.

193 Paul Tillich, in Hasenhüttl, *Glaube ohne Mythos* (wie Anm. 1), S. 647.

194 Dorothee Sölle: *Stellvertretung*. Ein Kapitel Theologie nach dem «Tode Gottes», Stuttgart: Kreuz 1982, S. 154.

195 Julian Barnes nach Evelyn Finger: *Wer hat Angst vorm lieben Gott?*, ZEIT, Glauben&Zweifeln, 2014/19.

196 Karl Rahner, in Weber, *Ich glaube, ich zweifle* (wie Anm. 19), S. 46.

197 Kurt Marti, in Eberhard Jüngel: *«Ich wurde geliebt, also war ich»* (wie Anm. 61).

198 Jon Sobrino, in Schmeller, *Sünde und Befreiung von der Sünde* (wie Anm. 162), S. 18.

199 Aus dem eucharistischen Hochgebet der Messfeier. Vgl. 1 Kor 11,23–26.

200 Katrin Göring-Eckardt: *Das ist mir heilig*, ZEIT, Glauben&Zweifeln 2010/45.

201 Markus Büchel: *Das Zitat*, forum 2011/19.

202 Jan Ross: *Hilfe, die glauben!*, ZEIT, Leitartikel 2012/30.

203 Martin Walser (er schreibt allerdings nur G statt Gott), in Gellner: *Neue Aufmerksamkeit für Gott* (wie Anm. 135).

204 Mit diesem Segensspruch wird im monastischen Stundengebet vieler benediktinischer Gemeinschaften die Komplet (und damit der Tag) beendet.

205 Gen 1,1–2.12b.31a; Übersetzung: Buber/Rosenzweig, nach buber.de/de/bibel (29.8.2014).

Anmerkungen zum Anhang

206 Vgl. Neuenschwander/Zager, *Gott denken angesichts des Atheismus* (wie Anm. 42), S. 160 f.

207 Vgl. Ex 20,4 und Dtn 5,8.

208 Vgl. Neuenschwander/Zager, *Gott denken angesichts des Atheismus* (wie Anm. 42), S. 165 f. Vgl. auch Hasenhüttl, *Glaube ohne Mythos* (wie Anm. 1), S. 645 f. und Hendrikse, *Glauben an einen Gott, den es nicht gibt* (wie Anm. 136), S. 33–44.

209 Nach Paul Tillich (vgl. Anm. 94 und Anm. 113).

210 Dorothee Sölle: *Gott denken*. Einführung in die Theologie, Stuttgart: Kreuz 1990, S. 17 ff.

211 Diese Verwendung von «orthodox» ist nicht mit der Kurzbezeichnung der orthodoxen Kirchen Osteuropas zu verwechseln.

212 Wobei die Buskampagne nach eigenen Angaben nicht missionieren, sondern nur informieren und wachrütteln will.

213 1 Petr 3,15.

214 Vgl. Perry Schmidt-Leukel: *Grundkurs Fundamentaltheologie*. Eine Einführung in die Grundfragen des christlichen Glaubens, München: Kösel 1999, S. 14 ff.

215 Vgl. 1. Akt, Szene 3 und der dortige Exkurs.

216 Vgl. 1 Akt, Szene 4.

217 Im 1. Akt, Szene 5, vgl. Anm. 72 und 73.

218 Vgl. 1. Akt, Szene 8 und der dortige Exkurs, 1. Akt, Szene 10 sowie 2. Akt, Szene 2.

219 Vgl. Akt 2, Szene 9.

220 Vgl. auch Johann Baptist Metz: *Nur um Liebe geht es nicht ... sondern um Gerechtigkeit*, ZEIT, Glauben&Zweifeln 2010/16.

221 Tillich nach Hasenhüttl, *Glaube ohne Mythos* (wie Anm. 1), S. 648.

222 Vgl. Faber, *Gott als Poet der Welt* (wie Anm. 50) und Suchocki, *God, Christ, Church* (wie Anm. 91).

223 Nietzsches, FW 125 (wie Anm. 4).

224 So am Ende des 2. Akts, Szene 4.

225 Nietzsche, FW 125 (wie Anm. 4).

226 Vgl. 1. Akt, Szenen 7 und 8.

227 Am Ende des 1. Akts, Szene 8 sowie im 1. Akt, Szene 10.

228 Lk 11,20, vgl. 1. Akt, Szene 2.

229 2. Akt, Szene 9, ganz am Ende.

230 Mk 14,36.

231 2. Akt, Szene 9 gegen Anfang, zu Denken ist an die Begegnung Marias mit dem Auferstandenen in Joh 20,15.

232 In Umkehrung zum Jesus-Wort in Joh 15,15: «Ich habe Euch nicht mehr Knechte genannt».

233 Gegen Ende des 1. Akts, Szene 5, im 2. Akt, Szene 4 und ganz besonders in meiner persönlichen Liturgiekritik im 1. Akt, Szene 9.
234 Nach Mt 17,7 oder 28,10 und Lk 17,21.
235 Vgl. 1. Akt, Szene 6.
236 Vgl. 2. Akt, Szene 2.
237 Im 1. Akt, Szene 5 und mit einer kurzes Reminiszenz des M gegen Ende des 1. Akts, Szene 8.
238 Im 2. Akt, Szene 9.
239 Hasenhüttl, *Glaube ohne Mythos* (wie Anm. 1), S. 513.
240 Im 1. Akt, Szene 4.

Tobias Grimbacher
Dr. sc. nat., Jahrgang 1975, arbeitet als Metereologe und IT-Experte in Zürich. Er schreibt vor allem Lyrik, Kurzprosa und Theaterstücke für Zeitschriften und Anthologien, darunter *dulzinea* und *macondo*, und engagiert sich als Regisseur, etwa bei Aufführungen von Robert Gernhardts «Toscana-Therapie» oder Hendrik Ibsens «Peer Gynt».